高校思想政治教育与辅导员队伍建设研究

李　琳◆著

北京工业大学出版社

图书在版编目（CIP）数据

高校思想政治教育与辅导员队伍建设研究 / 李琳著
. — 北京 ：北京工业大学出版社，2021.5
ISBN 978-7-5639-8014-7

Ⅰ. ①高… Ⅱ. ①李… Ⅲ. ①高等学校－思想政治教育－研究－中国②高等学校－辅导员－师资队伍建设－研究－中国 Ⅳ. ①G641 ②G645.1

中国版本图书馆 CIP 数据核字（2021）第 109441 号

高校思想政治教育与辅导员队伍建设研究
GAOXIAO SIXIANG ZHENGZHI JIAOYU YU FUDAOYUAN DUIWU JIANSHE YANJIU

著　　者：李　琳
责任编辑：张　娇
封面设计：知更壹点
出版发行：北京工业大学出版社
（北京市朝阳区平乐园 100 号　邮编：100124）
010-67391722（传真）　bgdcbs@sina.com
经销单位：全国各地新华书店
承印单位：天津和萱印刷有限公司
开　　本：710 毫米 ×1000 毫米　1/16
印　　张：11.5
字　　数：230 千字
版　　次：2021 年 5 月第 1 版
印　　次：2022 年 5 月第 1 次印刷
标准书号：ISBN 978-7-5639-8014-7
定　　价：58.00 元

作者简介

李　琳

李琳，女，1980年8月出生，西安科技大学讲师，硕士研究生，主要研究方向：思想政治教育。近年来主要讲授“大学生就业指导”“心理健康教育”“大学生创新创业指导”“创新性思维与创新方法”“形势与政策教育”等课程；编写教材《大学生就业指导与职业生涯规划》，在《教育发展研究》《中学政治教学参考》等核心期刊上发表论文3篇；获全国学校共青团优秀研究成果一等奖、全国首届军事训练营军事课教师军事教学展示三等奖、陕西省第二届高校辅导员职业能力大赛二等奖；主持完成教育部项目1项、团中央课题1项，参与省部级课题20余项；获“三下乡”社会实践活动省级先进个人、“挑战杯”省级竞赛优秀组织工作者、大学生创业大赛省级优秀指导教师等；取得二级创业咨询师、高级就业指导师证书。

前　言

高校辅导员是教师队伍的重要组成部分，是大学生思想教育工作的骨干力量，是大学生健康成长的指导者、引路人和知心朋友，是保证高等教育事业健康发展不可或缺的重要力量。建设一支高水平的辅导员队伍，增强辅导员工作的科学性、创新性，是加强和改进大学生思想政治教育工作的关键，也是全面提高思想政治教育工作整体效果面临的一个重要课题。

全书共七章。第一章为绪论，主要阐述了高校思想政治教育的内涵与理论指导、高校思想政治教育的历史发展与启示、高校思想政治教育开展的重要意义等内容；第二章为高校思想政治教育的现状分析，主要阐述了高校思想政治教育的总体现状和高校思想政治教育存在问题的原因等内容；第三章为高校思想政治教育的师生角色，主要阐述了高校思想政治教育中教师的角色和高校思想政治教育中学生的角色等内容；第四章为高校思想政治教育的教学优化，主要阐述了高校思想政治教育的教学原则、高校思想政治教育的教学内容创新、高校思想政治教育的教学方法改革等内容；第五章为高校辅导员思想政治教育工作探析，主要阐述了高校辅导员的角色定位、高校辅导员的核心素质与核心能力以及高校辅导员思想政治教育工作创新研究等内容；第六章为高校辅导员队伍建设研究，主要阐述了高校辅导员队伍建设的现状，高校辅导员队伍专业化、职业化理念，以及高校辅导员队伍建设的举措或者途径等内容；第七章为高校思想政治教育发展的趋势，主要阐述了高校思想政治教育的人本化趋势、高校思想政治教育的民主化趋势、高校思想政治教育的社会化趋势以及高校思想政治教育的综合化趋势等内容。

为了确保研究内容的丰富性和多样性，笔者在写作过程中参考了大量理论与研究文献，在此向涉及的专家学者们表示衷心的感谢。

最后，限于笔者水平，加之时间仓促，本书难免存在一些不足之处，在此，恳请同行专家和读者朋友批评指正！

目录

第一章　绪论

高校思想政治教育工作作为“灵魂工程”，包含政治经济学、人类伦理学、科学教育学、心理学等具有指导性和观念性的综合性教育理论，是贯穿高校政治教育体系的重中之重。本章分为高校思想政治教育的内涵与理论指导、高校思想政治教育的历史发展与启示、高校思想政治教育开展的重要意义三部分，主要内容包括高校思想政治教育的内涵、高校思想政治教育的理论指导、高校思想政治教育的历史发展、高校思想政治教育的历史启示、提高大学生的政治素养、培养大学生的高尚理想信念等方面。

第一节　高校思想政治教育的内涵与理论指导

一、高校思想政治教育的内涵

（一）建构受教育者的社会主流价值

思想政治教育作为一门涉及“灵魂工程”的学科，涉及认知、情感、意志、信念等多方面的教育，融合了政治学、伦理学、教育学、心理学等方向性、规范性和观念性的教育，并通过对学生世界观、人生观、道德观和价值观的教育及日常行为规范的教育，培养学生立足社会现实进行理性反思的能力，引导学生关注自身，关注社会，认识、反思并积极探索人生的价值和生命的真正意义，使学生在不断反思和思考的过程中实现自身由“自在状态”向“自觉状态”质的转变，从而将自身发展融入社会现实中去，形成知、情、意、行的完美结合，实现自身价值观念、道德情感和理想信念的有机统一。思想政治教育作为一种“导向教育”，坚持“以育人为本”，以学生的全面发展为目标，关注学生的灵魂发展，即通过思想上的引导和教育对学生存在的矛盾和困惑进行化解，从整体上提升学生的素质，实现学生精神世界的积极建设。

（二）弥合现代教育的偏差和裂痕

1. 唤起现代教育的人文关怀

思想政治教育因其特有的学科与运行规律，可以更好地体现对学生的人文关怀。一方面注重与学生思想和情感的沟通，注重德育教育及对学生人格的塑造。通过引导学生对生活中实际存在的美丑善恶、是非优劣的分析、比较和鉴别，提高学生的分析判断能力和明辨是非的能力。另一方面通过对学生思想观念、价值判断和道德情操的培养，启迪学生，塑造学生美好的心灵，培养学生完善的人格，实现学生德、智、能、行的协调发展。

2. 构建和谐校园文化，建设和谐校园

（1）高校思想政治教育的形式是多元的

思想政治教育不受时间、地点、形式和内容的限制，重在加强对学生的日常德育教育，引导学生从身边的小事做起，从一点一滴做起，在学生的日常学习和生活中融入德育教育，使学生能够在潜移默化中得到更好的体验和熏陶，启发学生的心智和情感，引发学生的共鸣，随时间的推移逐渐内化为学生的意识观念和行为准则。

（2）思想政治教育具有舆论导向作用

通过对宣传工作进行组织，可以以大学生喜闻乐见的方式将党和国家的大政方针表现出来，使学生对国家大事和社会发展予以关注，从而使学生的社会责任感得到有效激发，形成忧患意识和爱国情结，树立远大理想和奋斗目标。思想政治教育作为校园文化的隐性教育，可以在学校各项实践活动中进行渗透，使理论教育和实践教育相结合，让学生亲自参与并感受其中的乐趣，体验其中的真谛，使情感在活动中得到升华，使其知行统一。

二、高校思想政治教育的理论指导

（一）以“四个指引”创新新时代高校思想政治教育的育人理念

1. 以党的十九大精神的学习贯彻为指引

高校应将十九大精神以及习近平总书记在新时期的讲话，作为思想政治教育的指导原则，并以科学发展观为思想政治教育核心，不断深化和改革高校思想政治教育，不断完善教育体制，以此提升高校思想政治教育质量和效率，使学生通过思想政治教育学习，激发出无穷的政治活力，并进一步解放思想，实现全面发展。

2. 以实现中华民族伟大复兴的使命为指引

我国拥有丰富的历史文化，在不同时期都有过辉煌的成就。进入新时期，高校思想政治教育应以实现中华民族伟大复兴的使命为指引，增强高校学生的政治意识、学术意识，以此培养出高质量的综合型人才，从而为中华民族伟大复兴做出积极的贡献。

3. 以客观认知重要特色和国际比较为指引

新时代，全球经济一体化已经成为主要的发展趋势，我国为增强社会主义制度的优越性以及综合国力，必须重视高校学生政治意识、综合素养的培养，只有这样才能借助青年的力量，提升我国的国际竞争能力。

因此，在高校思想政治教育中，要将客观认知重要特色和国际形势作为思想政治教育的理论指导与发展理念，充分体现我国高校与时代发展同步的超前意识，使我国高校学生都能关注国家的发展动态，并以增强国家竞争力为发展目标，不断地进行学习，从而为我国社会和经济发展奠定坚实的基础。

4. 以高校师生思想意识的发展变化为指引

高校思想政治教师，应担负起引导学生的政治思想健康发展的重任，努力提升政治素养，结合我国社会主义发展目标，根据学生的学习能力、认知水平以及实际生活和社会环境，从思想和行为上影响学生，并以自身的政治素养构建文明的政治环境，力求让学生在学习和生活上都能严格要求自己，不断提高政治素养。

（二）以“四个融入”提升新时代高校思想政治教育的育人标准

1. 将新时代中国特色社会主义思想融入课堂教学，拓展课堂育人成效

加强高校思想政治教育，应在课堂教学中向学生深入剖析《马克思主义基本原理》《毛泽东思想和中国特色社会主义理论体系概念》以及《中国近现代史纲要》，同时深刻阐述《思想道德修养与法律基础》，让学生在各种理论学习过程中，通过实践活动真切领悟思想政治教育的重要性，从而帮助学生树立正确的人生观和价值观。

2. 将新时代中国特色社会主义思想融入实践教学，提高实践育人质量

高校思想政治教学工作，既要在课堂上为学生详细讲解我国党的发展路线

以及政策方针，又要与校园、社会建立一体化的实践教学体系，让学生将所学到的理论知识通过实践活动得以应用，从而增强对思想政治教育知识的理解，进一步增强学生的思想政治意识。

3. 将新时代中国特色社会主义思想融入校园文化，活跃文化育人氛围

以习近平新时代中国特色社会主义思想为指导，重视学生的文化素养、政治素养等综合素养的培养，努力为学生构建活跃的政治文化校园环境，通过多种文化活动，积极宣传思想政治理念，全面提升学生的综合素养，使学生展现出良好的精神面貌。

4. 将新时代中国特色社会主义思想融入网络空间，担负网络育人责任

新时代高校思想政治教育工作，应充分利用网络技术，为学生建立思想政治学习交流平台，让学生在平台上进行积极的交流和互动，通过交流和互动对思想政治进行针对性和实效性的学习。高校应组建高水平的网络宣传队伍，借助网络平台，向学生介绍我国党的理论知识、时事政治等内容，同时利用新媒体，采取多种学习方式，以此激发学生进行思想政治学习的兴趣。高校应充分利用网络技术搭建的交流互动的平台，引导学生形成科学、文明以及守法的思想政治意识，努力通过网络技术担负起高校思想政治教育的重任。

第二节　高校思想政治教育的历史发展与启示

一、高校思想政治教育的历史发展

（一）新中国成立初期的高校思想政治教育

1. 新中国成立初期高校思想政治教育的目标

中华人民共和国成立初期，社会刚刚稳定，国家建设刚刚起步，需要大量的社会主义建设人才。新青年们不仅需要对专业的理论知识加以掌握，还要有建设社会主义国家的觉悟，在此时，高校思想政治教育的重要性便得到了突显。社会需要的不仅是富有知识的人才，还应是可以将这些知识全部奉献于社会主义国家建设的新青年。中华人民共和国的建设，不仅需要提高新青年的知识文化水平，还需要提高全国人民的知识文化水平。高校的教育工作者不仅需要教授科学文化知识，还需要加强爱国主义教育。

2. 新中国成立初期高校思想政治教育的内容

中华人民共和国成立初期，高校思想政治教育的内容主要是马克思列宁主义思想、爱国主义教育以及对时事政治的理解。马克思主义思想是中国革命的理论基础，是对社会主义道路的具体说明。中国社会主义革命的成功，表明中国只能走社会主义道路。马克思主义是中国社会主义建设的理论基石，各高校大多都开设了关于马克思主义阐释的课程，开设这些课程的目的在于使大学生能够理解马克思主义思想的发展过程、学习马克思主义的观点以及理解共产主义的特征等。高校要求大学生了解共产主义理念，并且将这种理念付诸行动，以社会主义建设的主人翁心态去参加社会主义建设，不只是单纯地学习理念，更重要的是在实际生活中进行实践。理论联系实际等马克思主义观点都需要大学生好好学习和体会，需要大学生培养主体意识，坚定共产主义这一远大目标。

（二）改革开放初期的高校思想政治教育

1. 改革开放初期高校思想政治教育的目标

1978 年 12 月 18 日，召开了十一届三中全会，经由真理标准问题的大讨论，党重新对实事求是的思想路线进行了确立，党的中心工作也向经济建设方面进行了转移。这种转变，不仅标志着我国改革开放的实行，而且是我国高校思想政治教育一个新的历史性开端。

从 1981 年十一届六中全会到 1984 年的十二届三中全会，在历次会议所发布的文件当中，无论是党的文献还是政府的文件，都一次次地推进高校思想政治教育。一方面明确了高校思想政治教育的内容，另一方面也指出了高校思想政治教育的培养目标和培养任务，即着力推行对大学生的共产主义思想道德教育、爱国主义教育和马克思主义理论教育等。

随着十一届三中全会的召开，伴随着国家工作重心的转移，高校思想政治教育的方向也发生了相应的变化，开始以解放思想、实事求是为指导思想，确定了新时期思想政治教育的地位、任务和作用，培养社会主义现代化建设需要的人才。我国思想政治教育开始进入加强、创新的发展阶段。高校围绕党的基本路线，以科学化、法制化为方向，切实改进思想政治教育工作。

十三届四中全会后，党中央大力加强社会主义精神文明建设，重视高校思想政治工作。《关于进一步加强和改进大学生思想政治教育的意见》不仅分析了高校思想政治教育所面临的形势和任务，还阐述了高校加强思想政治教育的指导思想、途径和措施等。

2. 改革开放初期高校思想政治教育的内容

加强大学生的思想政治教育，关注大学生人生观、世界观的形成有助于培养“四有青年”，推动社会主义现代化进程。同时，青年群体在高校思想政治教育的指导下，可以更加顺利地实现自己的人生目标。国家在此时期也开始重视高校思想政治教育的学科建设。从学科建设来看，高校的思想政治教育学科尚未形成系统的理论体系，这一学科的大部分著作和论文还停留在直接采用其他学科的建设经验和自身工作经验总结的层次上。高校思想政治教育大致可分为两种情况：一是开设思想政治教育课程；二是将思想政治教育类课程融入其他类别的课程之中。

（三）21 世纪初期的高校思想政治教育

1. 21 世纪初期高校思想政治教育的目标

在革命战争年代，思想政治教育的目的是民族独立和解放。自中华人民共和国成立以来，思想政治教育的生命线是为了中国特色社会主义制度的建设。21 世纪，思想政治教育将思想动力提供给了社会主义现代化的建设。各高校不仅将治校之本定位于思想政治教育，而且将思想政治教育作为促进其发展的重要保障，同时将思想政治教育视为促进学生全面发展和培养高素质人才的关键所在。我国目前正处于精英教育向大众化教育转型的阶段，发展方向由规模扩张转变为提升质量。高校思想政治教育在新形势下需要与时俱进，改革高校思想政治教育的思维方法、运作模式等。高校思想政治教育的本质属性即与时俱进，开拓创新。

2. 21 世纪初期高校思想政治教育的内容

21 世纪，高校思想政治教育更加注重教育理念、教育内容以及教育方式等方面的创新，强调爱国主义教育、时代精神教育、理想信念教育、德育教育、心理健康教育等。在开展高校思想政治教育时，高校要对现代化教学手段进行充分利用，从而使高校思想政治教育的教学效果得到有效提升。这一系列的改进也使高校思想政治教育的实效性和创新性得到了有效提高。在社会主义事业接班人培养方面，高校思想政治教育呈现出了新的局面。

中国特色社会主义思想不仅是马克思主义中国化的最新成果，而且汇集了党和人民的集体智慧，必须长期坚持并不断发展。中国特色社会主义思想，指出了新时代的历史使命，即更好地实现中华民族伟大复兴的中国梦。新时代，高校思想政治教育要始终坚持中国特色社会主义思想的指导，对青年大学生进行引导和培育，新时期，面对新形势、新任务和新要求，奋力谱写社会主义现代化新征程的壮丽篇章，从而更好地促进中华民族伟大复兴中国梦的实现。

二、高校思想政治教育的历史启示

（一）增强高校思想政治教育的实效性

1. 要改进方法

高校要对原有的高校思想政治教育的途径和方法进行改进和优化，对新的高校思想政治教育方法和载体进行创造和运用。高校思想政治教育具有内在的规律，要提高大学生思想政治教育的实效性，教育者必须与时俱进，由平面、简单、教条、空洞的灌输向互动、因势利导、循循善诱转变；要创建良好的文化环境，润物无声；要在思想教育中注入科学方法，积极开展网络文化活动；要针对当代大学生在学习等方面存在的心理问题，运用心理学的方法进行疏导，促进其身心健康；要将党团活动、社会实践、心理咨询、校园文化、社团活动、学风建设、成才教育、行为养成、网络引导、就业指导等各种方法有机地加以综合运用。

2. 要优化环境

高校要进一步形成和谐的办学氛围、办学思路、办学环境和办学条件，以健康高雅的校园文化、和睦相处的人际环境、积极向上的舆论氛围、公正严明的制度规范，熏陶和培育 21 世纪的大学生，使其具有良好的思想道德素质。

（二）增强高校思想政治教育的发展性

1. 要注重发展大学生的核心素质

高校思想政治教育，首要目的在于提升大学生的思想道德素质。所以，增强高校思想政治教育的发展性，必须先注重发展大学生的思想道德素质。高校思想政治教育是迈向社会最后一个门槛的大学教育，也是形成学生思想道德素质的最后一个系统化的大课堂。

2. 要注重发展大学生的综合素质

随着现代社会竞争的激烈，在社会主义市场经济大潮中，大学生的综合素质决定了他们在竞争中能否立于不败之地。大学生思想政治教育，不仅要注重发展大学生的核心素质，而且要注重发展大学生的科学、人文、健康、心理、审美等综合素质。高校思想政治教育要在促进大学生学习、精神生活全面发展的同时，使他们掌握扎实的专业技能和过硬的生存发展本领，使他们能够在踏入社会后迅速适应新的岗位，展现自己的才能。

第三节　高校思想政治教育开展的重要意义

一、提高大学生的政治素养

（一）党员修养的标准和内容

大学生要实现自身的政治诉求就必须按照党员的高标准来要求自己，首先就要提升学生自身的思想政治素质。大学生思想政治素质的提高，只有通过高校的思想政治教育进行马克思主义理论的培养，并且在掌握理论的基础上进行实践，在对客观世界的改造中不断改造主观世界才能实现。

（二）提升党员政治素养的途径

刘少奇同志提出了两个能够有效提升党员政治素养的途径。

①“马克思列宁主义的理论，是我们观察一切现象、处理一切问题的武器，特别是观察一切社会现象、处理一切社会问题的武器。如果我们不能掌握马克思列宁主义的理论武器，我们就不能正确认识和处理在革命斗争中所遇到的各种问题，就有迷失方向、背离无产阶级革命立场的危险，甚至可能自觉或不自觉地成为各种机会主义者，成为资产阶级的俘虏和应声虫。”其中心思想就是要求全体党员要认真学习马克思主义理论。

②“在这样的学习、反省和自我检讨中，去肃清自己一切不正确的思想意识以至某些不适合共产主义利益的最微弱的萌芽。”其中心思想就是要求全体党员要参加革命实践，在革命实践中改造自己的主观世界。高校思想政治教育一方面应对大学生进行马克思主义思想的理论指导和对国情认识的引导，另一方面要引导大学生进行社会实践，在实践中改造主观世界。这两方面是大学生提高思想政治素质的重要途径。

二、培养大学生的高尚理想信念

思想政治教育可以有效提高高校学生的思想政治素质，将大学生培养成为符合党和国家要求的“四有”新人。在党中央的领导下，我国以经济建设为中心，不断推进改革开放，推动社会主义市场经济建设，使生产力得到了极大的解放。随着经济、政治方面的改革越来越深入，建立人才储备库，大力培养“四有”新人就显得极为重要与急切。

第二章　高校思想政治教育的现状分析

思想政治教育是教育不可或缺的重要组成部分，近几年来高校的思想政治教育一直成为人们关注的话题，高校思想政治教育对政治、经济、文化等领域产生着重大影响，但近几年来经济的快速发展在很大程度上影响着大学生的成长环境、生存环境，经济的发展冲击着人类思想的进步，这显然成了还未真正步入社会的大学生所要面临的严峻挑战。本章分为高校思想政治教育的总体现状和高校思想政治教育存在问题的原因两部分，主要内容包括我国高校思想政治教育的现状、国外高校思想政治教育的现状、大学生自身存在的局限、高校思想政治教育工作者不适应等方面。

第一节　高校思想政治教育的总体现状

一、我国高校思想政治教育的现状

（一）经济全球化对高校思想政治教育的影响

经济全球化是世界发展的必然趋势，任何问题都回避不了。我国要积极应对经济全球化的趋势，加强思想政治教育，使人们保持清醒的头脑。此外，经济全球化和文化多元化在一定程度上造成了一些需要全人类共同面对的问题。这些都需要人们注重全人类的利益，从全人类的利益出发，要求人们在价值观方面不能固守成规，要超越国界；思维方式也不能拘泥于一定范围，因此思考问题的方式也要从不同的角度出发。

不同的历史条件和环境的差异，造成在这些条件下产生的思想政治教育理论体系也存在很大的差异。并且这些理论特点由于文化背景的不同存在一定的差异性，各自都有特殊性，而且是符合人类的发展规律的。在经济全球化的背景下，各国文化涌进我国的市场，他们利用产品的文化魅力吸引着我国的消费者，在一定程度上会影响我国人民的价值观念。

（二）互联网对高校思想政治教育的影响

当今社会信息化迅速发展，其中对人们生活影响最大的就是互联网的发展。互联网的蓬勃发展为人们提供了更多的信息资源，其中包含着大量的没有经过筛选的信息。在一些不良信息的诱导下，有的人无意识地陷入享乐主义的泥潭，甚至在不知不觉中沦为享乐主义的精神奴隶，在这个过程中寻求一种虚幻的满足感。在这浅薄的满足感的背后隐藏着很多消极的后果，如焦虑、不了解生命存在的意义等情况。同时，全球的网络信息化普及创造了一个平台，为思想政治教育工作提供了新鲜的血液和一种崭新的传播载体。信息网络的广泛应用，不仅为思想政治教育提供了更加广阔的发展前景，而且扩大了思想政治教育的影响面，加大了思想政治教育的宣传力度，提高了宣传效率。

在互联网的世界中，全球有超过 90% 的互联网业务是从美国发起并通过的。在互联网的全部网页中有 81% 是使用英语的，而其他语种总共加起来还不到 20%。当来自不同国家的文化相遇产生碰撞时，事实上最终的冲突结果不仅是表现在军事上或者是地域上的，还应该是文化上的。这样的结果通常表现在一种语言文字对另一种语言文字的影响上，并且在意识形态领域得到体现。这种文化所造成的影响不仅是对中国而言的，也影响到其他非英语国家。

二、国外高校思想政治教育的现状

（一）高校课堂是思想政治教育的阵地

在当代西方高校的教育中，虽然思想政治教育的名字是不相同的，但其所围绕的主题教育课程的内容是基本一致的，都具有鲜明的时代性和政治性。通过阅读西方的有关思想政治教育的参考文献，并且对归国人员进行深入的调查，我们不难发现，当前西方高校在进行思想政治教育的时候通常选择采用道德素质教育、政治教育以及宗教教育等方式来进行。

与这些主题所对应的课程主要有西方文明史、思想史、人文科学和社会科学等。他们的思想政治教育的主要途径就是课堂教育，例如，美国进行思想政治教育的主要方式就是通过教师的讲解来进行的，教师对相关的理论进行讲解从而达到为西方国家思想政治教育做宣传的根本目的，这样才能让学生真正意义上接受并实践。

（二）宗教教育对思想政治教育的辅助作用

国外宗教教育是具有政治教化、道德教化的功能的。与此同时，宗教教育影响民众的思想言行，能够极大地缓解人们的精神压力，还能够在一定程度上缓解被压迫民众和西方资本主义统治阶级之间的矛盾，在西方国家的社会稳定性的维护方面是很有好处的。因此，思想政治教育在西方国家占有很重要的地位。英国坎特伯雷大主教曾说过，我们自从启蒙运动开始就一直生活在上帝的残余信仰之中。如果人们离开了这种信仰，就会觉得要找一个能代替的基础是很困难的。

国外人们的思想观念随着社会的发展也产生了极大的转变，但是完全没有降低宗教在国家中的地位，还在一定程度上扩大了其影响范围。当前，大部分的西方国家不断地将宗教教育的理念灌输到人们的日常生活中，利用宗教教育作为进行思想政治教育的主要途径，并且以各种宗教的团体活动和文化活动来让人们对政府无条件地服从，将人们对宗教的信任转移到对政府的信任上，即使是教会也是无条件地为政府服务的，从而达到政府维护自身的统治地位的目的。

一些西方国家已经明确规定了宗教在他们国家的地位，宗教在他们生活中的影响无处不在。例如，在总统的就职典礼上，议会的开闭会议都会由牧师来主持。西方国家还规定了一些与宗教教育相匹配的方法，如一些宗教仪式和教条等。西方国家的高校思想政治教育一般都是采用宗教教育的方式进行的，如在英国和法国以及意大利等国家的高校还专门设立了宗教教育的课程。

因此，不管采取怎样的措施，都不能改变西方国家为了维护自己的政权，采用宗教教育的方式来达到这种维权的目的。再以有着“八百万神灵之国”的美名和以“神道教”作为国教的日本为例，他们信仰的宗教有佛教、基督教、伊斯兰教等。其中，基督教的教义很好地反映了西方思想政治教育的本质。殉道精神指的是为了追求宗教信仰，哪怕是要付出自己的生命，也要维护自己的宗教信仰，也要实现自己的目标。这种精神看起来像是一种努力追求自己的宗教信仰的无畏的精神，实际上起到团结人心的作用，目的是巩固阶级统治的地位。

（三）媒体宣传影响思想政治教育的政治功能

现代思想政治社会化是通过报纸、广播、电视、电影，甚至计算机网络等大众传媒工具来实现的，同时也是推动现代政治社会化的重要途径。毫无疑问，在当代思想政治教育的宣传上，这些大众媒介起着至关重要的作用。在日本、英国、美国等发达国家，大众媒体是一种宣传思想政治教育的有力武器和有效途径。它们通常都是打着自由民主和多元化的旗号，通过一切可用的媒介来传递这一观念的，但是实际上是在为资产阶级的思想观、文化观、价值观和政治化做宣传，想要通过这种方式对人们进行意识渗透，并且对外进行政治上的影响和制约。长久以后，公民的价值取向和生活方式以及政治倾向等方面都深受其影响，他们甘愿为资产阶级利益做贡献，无条件地为政府服务，并且极力维护资本主义国家制度。

第二节　高校思想政治教育存在问题的原因

一、大学生自身存在局限

目前，高校大学生通过互联网信息平台进行聊天、娱乐和学习的时间越来越长，但能够熟练运用互联网信息平台进行学习的并不多。互联网为大学生获取思想政治的相关内容带来了便利，同时也为大学生之间、大学生与教师之间进行平等的思想交流提供了便捷的渠道。然而，正是基于互联网开放、自由的特点，大学生在没人监管的情况下并不能合理利用互联网信息平台进行思想政治教育课程的学习，其原因有两个方面。

（一）大学生的自控能力较弱

当前的大学生处在互联网繁荣的时代，无论是学习还是生活都离不开互联网。一方面因为大学生脱离了管控，另一方面因为大学生自控能力弱，我们可以发现大学生易沉迷网络，越来越依赖互联网，大学生的上网时长逐年增长，未来还有继续增长的可能。

（二）大学生道德法律意识薄弱

互联网的开放性和共享性使得信息的发表和获取变得十分容易，表现出“无屏障性”的特点，同时互联网信息平台给大学生提供了一个有匿名功能的虚拟空间，大学生可以隐藏自己的真实名字在平台中进行学习和信息的发表，他们可以不用在意他人的看法和评价，但是由于缺乏相关法律规范，大学生不认为自己的造谣行为要承担相应的法律责任，所以在微博、微信、公众号等平台中发表自己的观点和意见时，受到其他思想的影响，也跟风地发布一些不实的消息，带来的严重后果是其无法预料的。

二、高校思想政治教育工作者不适应

当前互联网已经广泛运用于高校，高校教育工作者应当随着互联网技术的发展进行改变，高校思想政治教育工作者亦是如此。然而，高校思想政治教育工作者在“互联网＋”时代，并没有从一开始就做到“因时而变，随事而制”，而是经历了一个长期被动地接受的过程，其局限主要表现在以下三个方面。

（一）高校思想政治教育工作者缺乏互联网思维

在传统的高校思想政治教育过程中，教育者通常采用封闭、被动型的思维。随着互联网的迅猛发展，各类互联网信息平台各显神通。在这个全面开放共享的时代，部分高校思想政治教育工作者跟不上形势，在初期始终无法接受“互联网＋”时代教育理念已然发生改变的事实，缺乏现代互联网思维，甚至在教学中仍旧采用过去传统的教育理念。

（二）高校思想政治教育工作者缺乏信息筛选能力

当前互联网信息平台中的信息资源鱼龙混杂，而高校思想政治教育工作者的筛选能力受自身知识水平的限制，互联网信息平台中的“暴力信息”“诈骗信息”以及“消极信息”等让许多教育工作者对互联网产生了消极情绪。

（三）高校思想政治教育工作者缺乏利用互联网的能力

有的老教师不能充分利用互联网获取教学信息，不会用互联网信息平台进行教学资源的编辑整合，也不能熟练运用互联网信息平台进行思想政治网上教育，同时不少思想政治教育工作者不了解新时代的网上语言，无法与大学生形成互动和共鸣。

第三章　高校思想政治教育的师生角色

在学校教育中最基本的人际关系就是师生关系，师生关系是好是坏能够对教育质量以及教育活动产生直接的影响，同时对于教师与学生的发展也能发挥十分重要的作用。高校思想政治教育不仅应该针对当代青年，而且要对师生关系问题加以重视。本章分为高校思想政治教育中教师的角色、高校思想政治教育中学生的角色两个部分，主要内容包括高校思想政治教育中教师的角色定位、高校思想政治教育教师队伍建设、大学生在思想政治教育中的主体地位等方面。

第一节　高校思想政治教育中教师的角色

一、高校思想政治教育中教师的角色定位

（一）扮演好学者和求知者的角色

高校的思想政治课教师首先自己必须是一位学者。目前，国家对高校的思想政治教育高度重视，并且会定期地对思想政治教育教师进行培训，还要求学校统一使用通用教材。基于此，对教师的要求也就相应有所提高，不仅要求教师有专业素养，还要有广泛的历史、经济、军事等方面的相关知识，这就需要教师认真学习教材，仔细研究教材并处理好教材，与此同时，还要不断地更新自己的知识，吸收并了解一些与教材相关的知识。另外，教师也要不停地学习，深造自己，充实自己，从而不断提高自身的教育水平。现在我们生活在不断更新换代的信息时代，作为一名思想政治教育教师，更加有必要与时俱进，不断提高自身素质，加大知识的储备，充分满足学生的发展需要。知识渊博且好学的教师可以使得被动学习的学生转变为积极好学的学生，进而让高校思想政治教育的时效性得到提高。

（二）在学生职业生涯中担任指导者

现在的社会是一个多元化的社会，人们的价值取向也逐渐变得复杂多样。思想政治文化相互交织碰撞，直接影响到大学生的价值观、人生观和世界观。有的学生在不同程度上出现了价值观的偏移，极度缺乏社会责任感和团结意识。此时，思想政治教育教师应该及时地给予学生正确的指导。另外，一些学生对未来感到迷茫，对自己的专业不够了解，更不知道将来自己应该干什么或者能干什么，对于怎么培养自己的职业素养也不是十分了解。这就需要教师不仅重视思想政治教育，还要了解学生的专业设置及发展前景等其他与学生相关的知识。如果教师能担任好学生的指导者，把工作做足，相信教师不仅能帮助学生规划好学习生涯，而且可以成为学生的知心朋友，以此加强思想政治教育。

（三）在学生面前做好道德典范

对于教师来说，育人不仅是重要的职责，还是历史赋予其的使命。教师是教学的主体，但从学生学习的角度上看教师处于客体的位置。在学校，教师就相当于是学生的父母，教师的举止会对学生产生直接的影响。如果想要学生从内心接受教师传授的道德规范，就需要教师以自己的行为做出榜样，树立典范。在进行教学的时候，假如教师对学生认真负责，工作严谨仔细，在处理事情的时候能够做到公平公正；在生活上，自觉遵守社会公德，拥有良好的道德品格，那么对学生的影响是积极的，反之，则其影响是大打折扣的。所以教师在生活与教学中，一定要做到言语与行为的统一，树立良好的自身形象，成为能够让大学生学习的道德典范。

（四）做学生心灵的培育者

虽然大多数的大学生已经成年了，但是其心理状态依旧不是十分稳定，易出现心理问题。现在的大学生正处于生理成熟期和心理发育的过渡阶段，在心理上往往出现诸如情感丰富但是波动较大，自我意识不成熟，容易出现拜金主义、享乐主义、极端个人主义等问题，另外，学习负担和就业压力等因素也会造成学生心理不健康。这时，就需要思想政治教育教师来帮助学生对心理问题进行疏导并加以解决，扮演学生健康美好心灵的培育者，加以正确引导，全面提高学生的综合素质，培养其处理问题的能力，从而使其适应社会的发展和要求。

二、高校思想政治教育教师队伍建设

（一）高校思想政治教育教师队伍建设现状

1. 高校思想政治教育教师队伍建设的成就

目前，我国高校都非常重视思想政治教育教师队伍的建设，取得了一系列的成绩，主要包括以下几个方面。

（1）相关政策和法规日益完善，队伍结构日渐优化

我国在中华人民共和国成立之初就建立了以高校共青团组织、政工干部、专职辅导员以及思想政治理论课教师为主体的思想政治教育队伍体系。1980 年的《关于加强高等学校学生思想政治工作的意见》强调要充分发挥业务课教师和各科骨干教师以及兼职政工干部的作用，同时要保证原有的人员配备。1984 年的《关于加强高等学校思想政治工作队伍建设的意见》中强调高校思想政治教育队伍要包含专职人员和兼职人员，但是在该文件当中没有直接提及思想政治理论课教师和其他业务课教师。2013 年 6 月，教育部印发了《普通高等学校思想政治理论课教师队伍培养规划（2013—2017 年）》（教社科［2013］4 号），提出了五个高校思想政治理论课教师队伍培养途径和四个项目资助计划。2016 年 12 月，习近平总书记在全国高校思想政治工作会议上指出：高校思想政治工作关系高校培养什么样的人、如何培养人以及为谁培养人这个根本问题。要坚持把立德树人作为中心环节，把思想政治工作贯穿教育教学全过程，实现全程育人、全方位育人，努力开创我国高等教育事业发展新局面。2017 年 8 月，教育部公布了《普通高等学校辅导员队伍建设规定》（第 43 号令），要求各高校要按照辅导员职业能力标准，建立健全完善的辅导员考核评价体系。2019 年 8 月，中共中央办公厅、国务院办公厅印发了《关于深化新时代学校思想政治理论课改革创新的若干意见》，从五个方面提出了要“建设一支政治强、情怀深、思维新、视野广、自律严、人格正的思政课教师队伍”。根据这些文件精神，全国各地高等教育管理部门以及高校也纷纷出台相应的政策和规定，加速了高校思想政治教育工作队伍的法制化和规范化进程。以制度为依据，高校思想政治教育队伍建设逐渐由兼职向专职转变，并逐渐朝着专业化和职业化的方向发展，逐渐建立起结构相对完善的思想政治教育队伍。

（2）管理水平有较大提升，形成了常态化的培训机制

我国高等教育经过几十年的发展已经初步建立了相对完善的思想政治教育工作队伍，各高校都十分重视这支队伍的建设和管理。中央和地方各级政府先

后出台了大量的规范性文件，为高校思想政治教育队伍建设及管理指明了方向，为高校开展思想政治队伍建设提供了指导。各高校依据各级文件精神，并且与自己本身的实际情况相结合，建立了与自身需要相符的思想政治教育队伍管理机制，如辅导员的公开选聘机制。很多高校为了鼓励从事思想政治教育工作的教师总结和凝练日常工作的经验和心得体会，鼓励他们开展学术研究，在职称评聘过程当中将其与专业课教师分开，设立专门的“思政”系列，制定单独的评选考核办法，极大地调动了从事思想政治教育工作的教师的积极性。不仅如此，无论是国家层面还是各地相关部门以及各高校都为思想政治教育相关教师提供定期的集中培训，使相关教师能够及时更新自身知识结构，提升其业务水平。至此，常态化的思想政治教育队伍的选配、培训、考核、管理等长效管理机制基本形成。

（3）严格人员选配，逐步实现思想政治教育专业化

各级教育主管部门对于思想政治教育相关从业人员建立了一整套完善的人员选配、培训和考核机制，极大地提高了相关岗位的准入门槛。只有认同社会主义核心价值体系，能够自觉践行社会主义核心价值观，政治立场坚定，具有较高职业道德水平的人才能够走上高校思想政治教育相关工作岗位。另外，学校对于在岗的思想政治教育从业人员也制定了严格的考核办法，并定期开展相应的培训。通过严格的人员选配，各高校基本上建立了一支政治立场坚定，具备从事高校思想政治教育所必备的基础理论和专业知识，具有较强人际沟通能力和组织协调能力的专业化的思想政治教育队伍。

2. 高校思想政治教育教师队伍建设存在的问题

高校思想政治工作的成绩有目共睹，对此习近平总书记也给予了高度评价。但另一方面，随着改革开放的深入和市场经济的高速发展，西方价值观念和消费观念势必对当代大学生的人生观和价值取向带来一定的冲击。

（1）部分教师职业自信不足，工作动力缺失

习近平总书记在全国高校思想政治工作会议上指出：教师是人类灵魂的工程师，承担着神圣使命。传道者自己首先要明道、信道。高校教师要坚持教育者先受教育，努力成为先进思想文化的传播者、党执政的坚定支持者，更好担起学生健康成长指导者和引路人的责任。习近平总书记对思想政治教育工作者在高校当中的角色定位进行了生动的阐述，指出其水平的高低直接关系到高校思想政治教育的水平。当前国内高校的思想政治教育从业人员配备普遍不足，很多教师长期处于高强度的工作当中，没有时间进行科研，在很大程度上限制

了思想政治教育从业人员学术水平的提升和职称晋升。长此以往，个别思想政治教育从业人员逐渐产生倦怠情绪，职业自信不足，在工作当中不能很好地发挥主观能动性，甚至迷失方向。

（2）缺乏科学的组织，尚未形成合力

近年来，我国高校对思想政治教育非常重视，在相关领域也投入了大量的资源，取得了一系列的成就。但是由于学校相关管理部门对思想政治教育队伍管理缺乏长远的整体规划，造成了目前我国高校思想政治教育教师队伍力量的分散，“四支队伍”各自为战，尚未形成合力。思想政治课教师，哲学社会科学课教师，专、兼职辅导员和班主任以及党团政工干部分别由不同的部门进行管理。思想政治课、哲学社会科学课教师以及班主任一般属于教学人员，受教务处管理，而辅导员和党团政工干部属于高校行政人员，一般由学工部和校团委管理。由于管理部门之间缺乏有效的沟通和协作，导致“四支队伍”经常出现重复性工作，造成教育资源的浪费。部分高校在进行思想政治教育队伍建设探索的过程当中，过分强调管理，学校相关部门先后出台各种规章制度，甚至是考核办法，极大地增加了相关工作人员的工作负担。

（3）高校思想政治教育教师队伍稳定性不够，工作缺乏内涵

目前，我国高校对思想教育教师队伍的建设非常重视，许多高校对相关人员的配置都进行了加强。高校思想政治教育教师队伍虽然在不断地发展壮大，但是也面临着人员流失的困境。很多高校思想政治教育从业者同时具备思想政治人员和专业课教师的双重身份，作为专业课教师，他们愿意将更多的时间和精力投入科研业务当中。还有一些人将思想政治教育相关岗位作为进入高校工作的一个跳板，时机成熟之后就会向机关行政岗位或者教学岗位流动。大量具备丰富工作经验的工作人员流失，剩下的很多都是经验缺乏的新人，导致高校思想政治教育队伍稳定性不足，再加上日常工作内容大多是繁杂的事务性工作，很难从日常工作当中总结规律，最终导致日常工作繁重而粗放，缺少内涵。

（二）高校思想政治教育教师应该遵循的规律

1. 思想政治工作规律

高校思想政治教育工作的主要受教育者是大学生，以传授科学理论知识、培育大学生的思想道德素质为主要目的进行。大学生的思想政治情况是大学生全面发展中不可或缺的一环。高校大学生思想品德的形成与发展不仅受到外在

客观条件的制约，还会受到主体内部因素的影响，在二者的相互作用下呈现出一定的发展规律。对大学生进行思想政治教育不仅要考虑到思想政治教育工作的主要内容、思想政治教育环境等外部条件对大学生所产生的影响，还要结合大学生自身的思想状况和思想特点。在这个教育过程中存在一定的客观规律，这个关于高校思想政治受教育者、教育内容、教育方法等的工作规律就是高校思想政治工作规律。2019 年 3 月 18 日，习近平在学校思想政治理论课教师座谈会上的讲话中特别指出，思政课建设长期以来形成的一系列规律性认识和成功经验，为思政课建设守正创新提供了重要基础。遵循思想政治工作规律就是在马克思主义的指导下，坚持党的教育方针，为适应大学生全面发展和社会建设的需要，通过思想政治教育提高大学生的思想道德素质和品德修养，并在这个过程中遵循一定的客观规律来进行思想政治教育工作。

2. 教书育人规律

在我国目前的思想政治教育现状中，教书育人是指教师不仅向学生传授系统的科学文化知识，还会将生活的各项技能传授给学生，从而对学生的科学文化素养进行培养，让学生的智能得到发展；还应该对马克思主义的主导地位加以坚持，不断坚持以自身的道德行为示范，促进学生的全面发展。教书育人，教书是途径，育人是目的，二者是同一过程的两个方面。2014 年 9 月 9 日，习近平同北京师范大学师生代表座谈时的讲话中特别强调，“好教师应该执着于教书育人”。教书即进行传授知识的过程，不仅指讲授书本知识，还包括传授社会生活知识。对高校大学生进行思想政治教育式“教书”，就是在坚持党的教育方针的基础上，向高校大学生传授马克思主义理论知识，宣传党的方针政策，使大学生坚定共产主义信仰。育人就是培养人，对高校大学生进行“育人”的过程不仅指培养大学生成长成才，促进大学生的全面发展，还包括为党和国家培养人才，为社会主义现代化建设培养人才的过程。教书的过程就是自觉或者不自觉育人的过程。在传授理论知识的过程中，教师的个人魅力、思想品德、道德素养都会对大学生产生潜移默化的影响，通过这一过程实现思想政治教育，达到育人的目的。2018 年 9 月 10 日，习近平在全国教育大会上的讲话中强调，“立足基本国情，遵循教育规律，加快推进教育现代化、建设教育强国、办好人民满意的教育”。教书育人规律是一个动态的过程，指的是教师在传授知识的过程中实现育人目的的规律，不仅包括在传授知识的过程中应该遵循的课本知识如何传授的规律，还包括在育人过程中应该注意育人方式的客观规律。遵循教书育人规律，就是要坚持在高校教育教学的各个环节都融入思想政治教育，遵循在传授科学文化知识的过程中教育大学生的客观规律，积极引导大学生接受社会主义优秀先进思想，走上正确的人生道路，主动承担社会责任。

3. 学生成长规律

每一代人都有自身不可替代的成长经历和思想特点。大学生的成长具有阶段性，在每一年级的学习过程中，大学生或多或少都会表现出不同的思想性格特点和发展规律。大一是大学生刚经历高考步入校园生活的开始阶段，这一年主要是帮助大学生适应大学相对轻松自由的学习环境，这一阶段的大学生对未来的学习和生活会感到懵懂、迷茫。对于这一阶段的大学生，要积极疏导他们的内心忧虑，帮助他们从紧张的高中生活顺利过渡到大学校园，积极融入大学生活当中。到了大二，这个阶段的大学生逐渐有了自己的朋友圈，形成了自己的学习方式和生活习惯，并开始接触各种社会风气和各种思想，这一阶段的大学生的思想状况尤其重要。到了大三，高校大学生开始迅速成长，逐步开始确立自己的人生发展方向和目标，而高校的大部分课程都集中在大二和大三这两年当中，这两年思想政治教育工作的效果直接影响到大学生未来的发展状况。到了大四，大学生逐渐面临步入社会和找工作的各方面压力，内心对未来的自信与怀疑同时出现在大学生的内心思想活动当中，这一阶段大学生的思想状况更需要关注和引导。

2016 年 9 月 9 日，习近平在北京市八一学校考察时的讲话中强调，要深化人才培养模式、教学内容及方式方法等方面的改革，使各级各类教育更加符合教育规律，更加符合人才成长规律。因此，高校思想政治教育工作要以人为本，关心大学生生理心理的发展阶段和发展状况，尽力帮助大学生解决面临的实际问题，遵循大学生的成长规律，依据规律的客观性展开思想政治教育工作。

2019 年 4 月 20 日，习近平在中共中央政治局第十四次集体学习时强调，要深入研究当代青年成长成才的特点和规律，了解青年优势和弱点，为广大青年成长成才、创新创业营造良好环境。大学生的成长过程虽具有个体性差异，但是总体呈现出阶段性的发展特点。只有了解大学生的成长规律，才能因材施教，对不同时期不同阶段的大学生进行具有针对性、计划性的思想政治教育，才有可能高效达到培养大学生的育人效果。

（三）加强高校思想政治教育教师队伍建设的措施

1. 加强理论学习，坚定职业自信

思想政治教育教师队伍作为高校思想政治教育工作的主要力量，承担着对高校学生进行马克思主义理论教育的重要任务，培养思想政治教育工作者的理论自信和职业自信，使其能够在日常工作当中充分发挥主观能动性。各高校要严格落实国家的相关文件精神，并根据本校的实际情况制定符合本校的规章制度，建立常态化的思想政治教育工作者职业自信教育机制。高校要充分利用“两学一做”等学习活动，结合高校的实际情况，不断探索新的教育模式和教育方法，构建符合高等教育发展规律的思想政治教育内容与形式，坚定高校思想政治教育工作队伍的马克思主义信仰，不断增强高校思想政治教育队伍的自豪感和使命感，建立一支具备坚定理论自信和职业自信的思想政治教育队伍。

2. 坚持统一指挥，确保“四支队伍”形成合力

目前，高校思想政治教育队伍主要由思想政治课教师、哲学社会科学课教师、专职与兼职辅导员和班主任以及党团政工干部共同组成，高校要通过各种各样的途径，加强对“四支队伍”的统筹管理，树立统一目标，让“四支队伍”相互配合、补充，开展思想政治教育工作，进而让效率得到提高，促使高校思想政治教育工作朝着高质量、有内涵的方向发展。

高校思想政治教育工作是一个复杂的系统工程，高校思想政治教育队伍由隶属不同部门管辖的教师和管理人员组成，因此必须树立共同的目标，坚持统一指挥，否则就会出现各个部门分头管理、各自为政的情况。如果各支队伍的职能不明，岗位设置出现重复或短缺，权责冲突，就会造成发生事情相互推诿情况，严重妨碍各项工作的开展。这就需要建立一个强有力的指挥体系，强化沟通协调，解决思想政治教育队伍内部人与人之间的矛盾冲突，以增强整支队伍的凝聚力，提高做事效率。此外，还要从实际出发，根据客观条件的变化及时发现问题，公正合理地解决。从管理分工、工作对象、工作内容等多角度地对“四支队伍”进行准确定位，做到各司其职、共同合作，使现代高校学生思想政治教育队伍的每个成员认准工作目标、厘清工作思路、突出工作重点，更是对自身的价值的清晰认识。

3. 建立科学的流动机制，健全培训和激励制度

建立科学的思想政治教育工作者流动机制，这是高校思想政治教育队伍建设的良方，能够让思想政治教育教师队伍变得更加稳定。建立科学的流动机制，意味着突破之前队伍建设方面程式化的固定思维，跳出原有的思维定式，可以在一定程度上克服定位不准的问题，进一步明确各支队伍的工作任务和发展方向，可以在思想政治理论课教师和哲学社会科学课教师之间确立一定的流动机制，甚至可以探索建立思想政治理论课教师、党政管理干部以及基层辅导员队

伍之间的流动机制，让个人的优势和特长得到更好的发挥。各支队伍之间的互动和流动还可以进一步互通有无、协同创新，让思想政治教育和思想政治工作的效果得到进一步的加强。

应该抓住教育培训的机会，加强实践锻炼。教育培训是思想政治教育和思想政治工作队伍保持较高水准和持续提升的重要举措。除了教育部层面的培训外，高校还应该积极探索利用省内、校内资源进行相关教育培训，并严格培训管理，妥善处理教育培训与日常工作的衔接和对接问题。实践锻炼一方面检验之前的理论研究和理论学习成果。另一方面，有助于在实践中发现问题，尤其是理论问题；提升解决实际问题的能力和理论研究的水平，尤其对思想政治理论课教师而言更是如此。对于其他几支队伍而言，实践锻炼则意味着更多地参与思想政治教育和思想政治一线工作，在实践中培养工作技能，积累管理经验，确保相关工作和具体政策的现实针对性和适用性。

要健全激励机制。当前我国有些省市划拨专项资金用于提高高校思想政治教育工作者的待遇，这是重视思想政治教育和思想政治工作的重要表现之一，但是又要警惕另一种苗头的出现，即单靠发津贴或补贴来调动从业者的积极性，这既可能牵涉地区间经济社会发展不平衡并因此导致同工不同酬的问题，也可能导致积极性没有被调动，反而滋生惰性。正确的做法是以激励机制改革和调整为突破口，提升高校思想政治教育和思想政治工作质量。此外，思想政治理论课课程教学活动中存在大量重复劳动，这一点容易滋长职业倦怠，拖累教师自我发展，这也是激励机制确立过程中需要考虑和研究的问题。

第二节　高校思想政治教育中学生的角色

一、新时代大学生思想政治特点及成因

（一）大学生思想政治特点

1. 迷恋网络，知识多元

由于科学技术的发展以及互联网的普及，当代大学生越来越依赖网络，可以说，网络已经变成了大学生生活与学习中必不可少的一部分。通过网络，大学生可以根据自己的需要在任何时候查阅、了解各类知识和信息，这也使得大学生的知识架构多元化。但是，网络中的知识和信息往往鱼龙混杂，处在求知欲和好奇心旺盛的大学时期，大学生在接受网络信息时缺乏判断力，很多不良

的信息在潜移默化地影响大学生的思维导向，容易促使大学生受到不良网络知识的影响，从而走向不正确的道路。

2. 追求物质，互相攀比

目前，我国经济发展迅速，社会消费观念发生了质的飞跃，各种消费品门类丰富多样，在一定程度上也影响着当代大学生的消费观念。彰显个性，追求时尚也成为当代大学生的主要消费选择，个别大学生不顾自己家庭经济情况盲目消费、攀比。盲目消费、高消费、无节制消费也使校园不良网贷公司有了可乘之机，一些大学生盲目消费，轻信广告宣传，选择了校园不良网贷，导致高额负债的案例时常发生。

3. 思维活跃，个性鲜明

当代大学生成长在我国改革开放、社会高速发展时期，越来越多的新鲜事物和各种思想对当代大学生有着直接的影响。通过多种渠道，当代大学生接触到大量的外国文化和影视作品，这也使当代大学生的思维向多样化、个性化发展。大多数的当代大学生都更愿意表现和展示自己，他们每个人都有自己的特色，喜欢展示与众不同的想法，在衣着打扮和行为举止等方面也都更倾向于标新立异。

（二）大学生思想政治特点的成因

1. 时代背景

当代大学生所处的时期，中国经济发展十分迅速，为当代大学生提供了丰富的物质基础以及相对来说十分优越的生活条件，因此，这代人在生活上没有太大的压力。他们在经济方面没有过多的负担，在思想方面十分活跃，拥有开阔的思维，在考虑事情的时候习惯于以自己的主观体验为出发点，对于新鲜的事物十分容易接受。他们的主体意识较强，性格坦率、直接。在言论自由的时代环境下，他们能够想说什么就说什么，不会局限于传统，敢于、勇于并且善于进行自我表达，在个性方面十分张扬。

2. 家庭背景

与传统的家庭不同，当代家庭在亲子关系上一般是平等、开放、互动的，这也让大学生在面对权威的时候，有发出挑战的勇气，对于那些自己不认同的事情敢于说“不”，习惯于彰显自己的个性，对于自己的看法和见解十分有信心，并且在大多数情况下都会坚持自己的看法与见解，倾向于以自我为中心。但是，这代人是在父母与长辈的呵护下成长起来的，导致一些大学生没有独立面对挫折的经验，这也造成了这些大学生不能独立地面对困难、迎接挑战。这类学生本身具有的抗压能力较弱，几乎没有勇气与胆量去面对困难，遇到困难就退缩。

3. 学校背景

培养大学生的创新能力与思维越来越受到学校的重视，这也是这代人思维开放、思想活跃的主要原因。当代大学生的创新思维、实践能力以及自主学习能力从小得到培养，这也是这代人与别的年代同龄青年存在明显区别的最主要原因之一。目前，由于科学技术的飞速发展，大学生能够通过越来越多样化的方式与手段进行学习，对于外界的信息能够主动地进行获取，不断地对新知识进行学习。

二、新时代大学生思想政治教育的三个重要着力点

（一）面对百年未有之大变局，要发扬当代大学生的斗争精神

党的十九大以来，习近平总书记多次强调世界正处于百年未有之大变局。这准确地判断了我国未来一段时间内将要面临的外部环境。当代大学生出生在和平年代，虽然对社会主义在曲折中演进的规律有一定认识，但是在未来有很大的可能会陷入机会主义甚至投降主义的误区。所以，高校应该将培育当代大学生的斗争精神作为重点。一方面，要积极增强大学生的斗争意识。对大学生进行引导，让其充分地认识到，在中华民族伟大复兴加速推进的道路上，我国发展目标的顺利实现绝对不是国外势力愿意看到的，他们一定会想出各种各样的方法对我们进行渗透、破坏、遏制、颠覆。这种斗争将会长期存在，并不会在短期内结束，至少要伴随我国实现第二个百年奋斗目标全过程，贯穿当代大学生学习和工作的每个阶段。要想获得胜利，就应该敢于斗争。另一方面，应该对大学生的斗争本领积极地进行培养，特别是学会运用马克思主义的立场、观点、方法去研究问题和判断问题，善于开展舆论斗争，在斗争中明辨是非、健康成长；肯于担当大任，在校期间将专业的功底打牢，并且应该练就过硬的本领。

（二）面对现代化强国战略安排，要提高当代大学生的政治定力

2020 年是我国决胜全面建成小康社会之年。党的十九大制定了分两步走全面建成社会主义现代化强国的战略安排。全面建成小康社会意味着战略安排要转化为实际行动。要实现第二个百年的奋斗目标，就要在坚持以经济建设为中

心的同时，全面推进经济、政治、文化、社会以及生态文明建设，促进现代化建设各环节、各方面的协调发展。当代大学生享受着改革开放的成果，总体上保持着良好乐观的情绪。在未来可能出现利益持续调整的过程中，面对就业压力、生活压力、工作压力，可能会焦虑失衡，感受到社会调整中的痛感。在内外压力结构的某个临界点，如果出现“黑天鹅”事件，就有可能会引发群体性事件甚至较大范围的政治风波。因此，高校要从政治高度来认识并加强当代大学生政治定力的重要意义。

一是要持续加强理想信念教育。加强和改进理论武装工作，学会在各种思潮交融交锋中把握主流，在纷繁复杂的现象中抓住本质，保持战略定力和坚定信念。二是要加强形势政策教育，对学生加以引导，让其对世界与中国发展的大势能够进行正确的认识，帮助学生在国际比较中坚定信心，全面客观地认识当代中国、看待外部世界。三是要加强党对学生组织的领导。高校党委要将学生会组织、学生社团工作纳入议事范畴，在“三全育人”的大思政格局中形成合力，打通学生组织的神经末梢，确保领导不虚化。

（三）面对大国地位不断巩固，要提高当代大学生的道德素质

随着我国综合实力的不断增强，特别是近年来我国积极参与全球治理，为世界繁荣稳定发挥作用，我国的大国地位不断巩固已是客观事实。面对自然灾害和公共卫生事件，我国积极参与国际救援，分享经验，提供物资，塑造了全球领导者的形象。今后，我国将承担更多的国际责任。“大要有大的样子”，这不仅体现在国家层面，也体现在社会和个人层面。大国地位需要其国民也要具备应有的大国素质和大国风范。

随着国际国内形势不断发生调整，大学生作为实现中华民族伟大复兴的生力军，应不断在实践感知中提高自身的道德素质。高校要在大学生中牢固树立中国特色社会主义共同理想，大力弘扬社会主义核心价值观，以《新时代公民道德建设实施纲要》《新时代爱国主义教育实施纲要》为指引，努力提高大学生的道德素质。具体应该做到三个方面：一是要强调法治精神，教育引导学生敬畏法律，既不能明知故犯，也不能因缺乏法律常识误入歧途。二是要培养吃苦耐劳的精神，广泛开展时代使命和责任意识教育，教育引导学生懂得奋斗就是幸福的道理，克服惰气、暮气、骄气、傲气，做到刚健有为、自强不息。三是要培养良好的审美情趣，通过开展形式多样、健康向上、格调高雅的校园文化活动，提高学生的审美和人文素养，努力打造良好的育人环境。

三、大学生在思想政治教育中的主体地位

（一）思想政治教育中大学生主体地位的内涵

思想政治教育过程中的承担者、发动者以及实施者三者都分别扮演着不同的角色，其在教育中的地位和作用决定了三者间的主体地位。大学生在思想政治教育中的主体地位体现在三方面：一是大学生的自觉能动性，这是因为大学生作为能动的自然存在物，这是其成为主体的一大根本特征；二是大学生在观念和实践等方面的创造性，这是其主体性的最高表现；三是大学生的自主性，这是指大学生在不依靠外界力量的情况下，自由地按照自己的意愿去行事的动机、能力或特性。理解了思想政治教育中大学生的主体地位，高校思想教育需要对传统的简单模式进行改革。对大学生进行思想政治教育不单单是课堂教学，还应启发学生开展更多的思想交流，为学生在思想政治教育中发挥其主体地位提供基本条件。

（二）思想政治教育中大学生主体地位的重要性

1. 大学生主体地位是高校贯彻落实科学发展观的重要体现

我党在十六届三中全会中提出了以人为本，坚持全面、协调、可持续发展的科学发展观战略思想，其核心是以人为本。在高校中，特别是在思想政治教育中，以学生为本是以人为本的突出体现。根据科学发展观的要求，培养全面发展的大学生，必须充分明确树立大学生在其中的主体地位，在推进思想政治教育的过程中，充分认识并努力发挥大学生的自主性、能动性和创造性，融基本教育目标与学生需求于一体，融教育工作者的施教与学生主动受教于一体，在客观认识和把握大学生思想动态和思想需求的基础上推进思想政治教育，可以使他们直观地感受到这种教育的针对性和有效性，从而更加乐意去主动配合教育过程、参与教育过程、完成教育目标。可见，大学生主体地位的发挥是以学生为本的重要体现，据此实施教育方可以保证学生更好地认可和接受教育安排，使学生获得全面、协调、可持续发展。

2. 大学生主体地位从根本上符合了教育基本规律

不管是哪种教育，其根本上是受教育者对教育目标、内容、手段等方面建立认同并加以接受的过程，这意味着教育不能是施教者对受教者的简单“填鸭”。遗憾的是，在基础教育和中等教育阶段，受传统应试教育等因素的影响，学生的主体性地位并未被认可，这易使得学生要么被动地接受学习任务，要么对学

习任务产生逆反心理，这无疑违背了教育的基本规律。学生进入大学之后，这一局面必须要从根本上加以扭转，使他们变得主动学、乐于学。这便要求全面认识大学生的角色定位，既把他们视为受教育者与被管理者，又把他们视为自我教育、自我管理的主体。我们应当明确这两种角色定位指向同一个目的，即更好地使他们求知、做人、提升能力、获取技能等。唯有如此，才能充分重视他们的个性、需求、思维特征在整个教育过程中的重要性，才能有针对性地设置教育内容，改进教学方式，才能使他们在主体选择的基础上，有目的地主动学习、自主学习、自我发展。

3. 大学生主体地位的发挥有助于提升学校教育教学质量

一方面，通过树立大学生在思想政治教育中的主体地位观念，思想政治教育工作者可以更为充分地与他们进行沟通、互动，了解其思想动态，把握其思想需求，增强思想政治教育的针对性和实效性。另一方面，学生在校园中可以树立主人翁意识，增强对学校的认同感和归属感，积极主动地参与到校园文化建设中去，还可以根据自身认识和感受对教师的管理和教学做出评价，提出合理化建议和正当要求等，从而推动学校发展、提升学校教育质量。

（三）大学生主体地位缺失的表现

1. 学生缺乏能动性

思想政治受教育者的主体性指的并不是教育的主动性，而是指受教育者接受教育的主动性。而思想政治受教育者的能动性就是其中的一个表现。高校大学生的思想道德水平得到普遍提高，但是时代的变化和发展要求大学生有更高的品德素养。大学生能动性的发挥首先是能够积极主动地反映自身的品德状况和教育者所教授的思想政治教育内容。大部分学生都能很好地吸收所学的思想政治教育知识并且在实践中表现出来，但是仍有部分学生没有积极主动地反思和认清自身在思想品德方面与社会要求存在的差距，以至于不热爱思想政治教育知识的学习，也没有进一步深入了解的动力，如在思想政治教育的课堂上，部分学生玩手机就是缺乏学习思想政治教育的热情和动力的表现。

2. 学生缺乏自主性

思想政治受教育者的自主性表现在学生对教师所教授的内容和知识进行自主学习、自主选择、自主吸收上。学生在思想政治教育中积极参与活动，对于教师教的知识进行主动的、选择性的学习。在思想政治教育课堂中，大部分学生都能够自主地、有选择地学习思想政治教育内容并内化为自己品德的一部分，但是也有部分学生对于所学内容相对比较消极，没有积极地进行选择。教师在课堂上努力地讲课，学生却不关心教师讲的内容，只是关心考试的内容，对思想政治教育内容缺乏思考，自主能力差，不能安排好学习计划和学习目标，没有将教师所教授的内容内化为自己的道德修养。

3. 学生缺乏创造性

思想政治受教育者的创造性是其自主性的另一个表现，是学生在反映教师所传授的信息和自身思想品德状况的基础上创造出新的东西。对于新的教学方法和教学形式，不仅学校和教师可以研究探索，学生也可以积极参与进来，充分发挥自觉能动性。在高校，是教师扛起了研究新的教学方法的重担，而学生缺乏积极参与研究的意识，未提出自己的意见和建议。在思想政治教育课堂上，有部分学生在学习以及接受教师传递的信息的时候，采取消极的态度，没有与教师进行积极的互动。

（四）大学生主体地位缺失的原因

1. 课堂教学方面的原因

（1）传统教学方法单一

当前我国大部分高校都在积极地进行课堂改革，部分学校探究出了新的教学方法，取得了明显的效果，但是有一部分高校仍旧没有改变传统的教学方法。思想政治教育是教师和学生一起参与并且积极发生互动的过程。因此，在思想政治教育过程中，教师和学生都应该加入课堂中并且积极地进行交流，但是部分教师在教学时仍然使用的是“满堂灌”的传统授课方法。这种传统的方法使得教学变成了单一的输出，学生没有积极地参与到课堂中，从而导致学生对课堂内容没有兴趣并且也缺乏投入学习的热情，所以传统的授课方法不能很好地体现学生的自觉能动性和自主性。

（2）教学内容偏离学生的实际

在我国高校，部分教师能够做到将思想政治教育内容与具体实际相融合起来，发挥了思想政治教育积极的作用。但是也有部分教师没有很好地了解学生，没有掌握学生的实际需求，在授课过程中只是照搬课本内容，讲解理论。思想政治教育本来就是理论性比较强的课程，这样容易显得生硬和枯燥。学生在课堂中感觉无聊就会渐渐失去学习的热情，不能很好地加入思想政治教育课堂，对所学内容不进行积极的思考，自觉能动性就很难真正体现出来。

2. 学生自身的原因

学生自身的原因主要是主体意识的淡薄。随着我国高校改革力度的普遍加大，所有高校对提高思想政治教育水平都愈发地重视起来，并且纷纷对思想政治教育课程进行课堂改革，改变传统的单向传输的授课方法，创新思想政治教育方式，突出学生的主体性地位，提高大学生的思想道德素养。在进行课前预习的时候，有一些学生对于教师的安排过于依赖，不能独立完成学习计划和目标的设定，没有将其自身的自主性发挥出来。在学习过程中，仍然有部分学生已经习惯了传统的思想政治教育方法，只喜欢听教师讲课，不愿意主动思考问题。对于教师新的教学方法没有给予积极的反馈，对教师所教授的内容也没有进行积极的思考，表现出思维惰性，更不愿意与教师进行积极的互动交流。对于教师所讲的思想品德要求，一些学生也没有与自身进行对比，没有调整自身的不足，处于被动消极的状态，而且欠缺思考怀疑的能力，不注重发挥自身的创造性。

（五）提升大学生在思想政治教育中的主体地位的对策

1. 提升理念：树立思想政治教育的主体性教育理念

思想政治教育的主体性理念是指在思想政治教育的推进过程中全面、客观地认识教育者与受教育者的关系，既要充分认识教育者的主导性，使教育者的主导作用得以发挥，也要客观理解受教育者的主体性，让受教育者自觉认同教育目标和教育要求，独立做出判断和选择，自主调节行为，并在实践中完善自身品德，丰富和发展社会道德规范的自主性、能动性和创造性。以往我们已经对教育者的主导地位予以了明确的认识，但是由于忽视了受教育者的主体地位，因此往往将教育者的主导作用无限扩大，使受教育者完全处于被动从属地位。因此要树立现代思想政治教育的基本理念，在强调教育者地位和作用的同时提升受教育者的地位，使两者能够在教育过程中实现良性的平等互动，在此基础上使受教育者逐步建立起对教育目的、教育内容的价值认同。为此，首先，要从观念上做到尊重学生，充分认识到每一位学生都具有独特的、潜在的品质，“既要严格要求，又要平等待人，更要善于发现和开发蕴藏在学生身上的潜在的创造性品质”。其次，要引导学生树立主体意识，使学生充分意识到自身主体地位的发挥是完善自我、提升自我的基础与前提，只有主动地参与到教育过程中来，在教师的引导下自觉自主地进行学习，充分与教师进行沟通、互动，才能从根本上提升学习的效果。

2. 融合目标：在教育目标设置中融入大学生的基本需求

在开展思想政治教育的过程中，既要坚持教育的基本方向、原则与要求，又要将受教育者的需求落在实处，充分掌握大学生的思想动态和需求是设置思想政治教育目标的前提性条件。在此过程中，要从人性化、个性化、制度化三个层面做到教育目标与学生需求的融合。首先，在人性化层面上，从共性的角度全面客观地把握大学生群体性的思想特征，对他们学习生活中的良好特性加以强化，对他们的不良特性加以抑制、纠正，将此确定为教育目标的基本内容之一。其次，在个性化层面上，充分认识到每一个学生在智力、家庭背景、情感、心理、兴趣、特长等方面存在的差异，一方面尊重个性的差异，另一方面极力避免因个性带来的冲突与摩擦，努力做到求同存异，这也应当是教育目标中不可忽视的内容之一。再次，在制度化层面上，充分认识到制度规范对大学生思想、态度和行为的规范、调节、引导作用，在教育目标的设置中融入学生行为基本规范，使学生树立规则意识。最后，教育目标的设置要注意将人性化、个性化、制度化三个层面的学生需求加以协调。

3. 搭建平台：创造条件提高大学生的主体地位

当前的思想政治教育形式越来越趋于多样化，但发挥大学生主体作用的实践平台仍然有限，这在很大程度上成为制约大学生主体地位提升的重要因素。为了扭转这一局面，首先，创造条件让学生与教师更多地沟通、互动。学校可以通过课堂交流、网络论坛、学生代表会议、意见箱、主题讨论、个别谈心等多种形式与学生进行沟通、互动，了解和掌握学生思想动态，努力满足学生的合理需求。其次，积极引导学生进行自我管理。学校要充分发挥学生会、社团等学生自我管理组织的作用，引导学生通过参与这些组织进行自我管理，并服务同学，通过积极开展正常的校园文化活动和社会实践活动训练他们的自主性能力、合作能力、参与能力，充分发挥其主动性与创造性。最后，为学生的自我学习、自我发展创造良好的环境。例如，学校可以通过设置选修课、弹性学分等形式鼓励学生自主选课，使其选择性得以体现。总之，学校应当积极创造条件搭建平台，使大学生能够更多地参与学校管理、进行教育互动、实践所学知识。

4. 自主自觉：大学生自主地培养主体意识

大学生主体作用的发挥不仅需要从外在上转变错误观念、从目标上融合学生需求、从形式上创造更多的平台，还需要从根本上内化为学生的内在诉求。

学生只有能够自主自觉地意识到思想政治教育不是“要我学”，而是“我要学”，才能够从根本上改变不得不硬着头皮学的消极状态，从而有目的地、有针对性地进行思想政治教育的改造，树立正确的世界观、价值观，做到提升自我，全面发展。要做到这点，大学生首先要明确自身的使命。这一使命既与个人成长目标、家庭的期望紧密相关，也与新时代下社会进步、国家富强的社会责任相关。它们均不同程度地要求大学生树立远大的理想，将接受大学学习的过程视为改变自身命运、满足家庭期望、影响社会发展、推动国家富强的必要手段。其次，大学生要养成良好的自律习惯。大学生可以根据自己的兴趣、专业、特长、家庭背景等多种因素，明确自身的学习目标和学习内容，有计划、有步骤地学习，养成良好的自律习惯，能够做到自我认识、自我调控、自我矫正。通过良好的自律，大学生可以在有效的自我学习、自我提升中充分发挥其自主作用。

第四章 高校思想政治教育的教学优化

高校思想政治教育教学是思想政治教育的重要载体与主要渠道，但目前大多数高校思想政治教育教学采取的方法大多比较传统，已经不能满足现在社会以及学生个性发展的需求，所以，应该优化高校思想政治教育的教学。本章分为高校思想政治教育的教学原则、高校思想政治教育的教学内容创新以及高校思想政治教育的教学方法改革等方面，主要内容包括人本原则、心理相容原则、思想政治教育内容创新的必要性、榜样教育法等方面。

第一节 高校思想政治教育的教学原则

一、人本原则

（一）人本原则的内涵

人本原则，顾名思义就是以人为本的原则。“人本”这个概念在中华优秀传统文化中由来已久。人本原则的思想最初来自春秋时期的管仲，“夫霸王之所始也，以人为本。本治则国固，本乱则国危。”《管子》中的这句话充分证明了我国以人为本的思想在古代就已经得到了社会的普遍认同。而且作为儒家文化的另一个代表人物孟子也曾提出：“民为贵，社稷次之，君为轻。”这显示出了人本原则在中国有着广泛而深刻的理论基础与普遍认同。而在马克思主义理论中，关于人本原则的思想也是马克思主义理论中最重要的内容之一。马克思主义将人的全面发展分为三个主要部分：第一个部分是人的能力在整个社会中充分而自由地发展；第二个部分是人的独立性的阶段（以人类对物质的依赖为基础）；第三部分是社会关系和人的个性的全面发展。人本原则最重要的体现就是人的自由而全面的发展这一根本目标与最终要求。

人本原则在高校思想政治教育中更着重于作为个体的人的个性的释放与发展，形成一种对人在社会中扮演了重要角色以及发挥着重要作用的肯定。这个个体不仅是指学生个体的自由发展，也是指作为教育者的教师同样也是主体之一，承担着重要的责任。思想政治教育工作坚持人本原则实质上就是坚持以人为本的教育理念，将教育者与受教育者都放在主体的地位，将马克思主义的基本观点运用到日常教学工作中，实现教学资源、综合管理、思想指导三者的有机结合，使高校青年学子树立正确的价值观，为今后个人的发展与国家的前进打下良好基础。

（二）坚持人本原则的必要性

1. 坚持人本原则就是坚持高校思想政治教育的价值观

高校思想政治教育工作在实践中要求以人为本，在思维导向上同样坚持人本原则。只要确定了坚持人本原则的教育理念，就能够促进高校思想政治教育的发展创新以及对整个社会教育体系的改善。同时也会对高校思想政治教育内容的选择、教育方法以及手段的运用产生重要影响。这就要求教师作为引导者在进行德育工作时，自觉在头脑或者说是自身观念中坚定地把人本原则放在核心地位，切实把爱护、理解、包容落实到具体工作中去，应该充分尊重当代大学生在学习中的主体地位。

2. 坚持人本原则就是坚持贴近主体之一的受教育者群体

大量精准的社会调查均证明，如今我国青年学生的政治素养和思想教育水平总体来说较为良好。他们在日常生活和学习中思想活跃、拥护中国共产党、热爱祖国，并在社会和学校的双重影响下成长为对中国道路、理论、制度、文化等方面充满自信的社会中坚力量，并且坚信社会主义现代化伟大蓝图和中华民族伟大复兴的壮阔目标能够实现。可是，受外来文化的影响，我国一些大学生的思想面临着冲击和挑战。作为思想政治教育理论传播载体的高校应深刻认识到贴近青年学生，彻底了解他们的思想变动历程的重要性。高校思想政治教育工作者应深入学生群体，想学生所想、急学生所急，切身感受学生的思想需求，更进一步地与学生沟通交流，运用全新的教育教学方法去了解青年群体的思想症结、心理诉求，将自己置身于青年学子的群体中去，这样才能在生活和学习中与他们进行更好的交流和沟通，达到教育双方的相互理解和支持。

（三）坚持人本原则的途径

1. 达成教育者与受教育者双主体地位的业内共识

首先要尊重教育者的主体地位。在思想政治教育中，教师扮演了举足轻重的角色。虽然在大学阶段众多学生已经成年，他们朝气蓬勃，勇敢上进，但他们同样也是一个意志力较为薄弱的群体，世界观、人生观、价值观还未完全扩充完整。如果没有教师正确和合理的引导，他们很容易在意识形态上产生偏差，进而对个人甚至学校和社会产生负面影响。高校思想政治教育就是要发挥教师的引导作用，充分了解学生的成长环境以及人生经历，尊重其个体的独立与个性，以学生所能接受的方式进行德育教育。其次要意识到学生作为主体之一所产生的不可忽略的作用。思想政治教育工作者必须让学生意识到自己的主体作用，使其产生强烈的主体意识，在日常学习和生活中逐步培养起学生自觉的学习态度，真正做到心中有律。只有在业内达成教育者与受教育者双主体地位的共识，才可以让思想教育理论不断地得到创新与发展。高校思想政治教育者要加强思想政治教育在现实生活中的实践作用，使主体之一的受教育者成为我国社会主义现代化建设的中坚力量。

2. 坚持科技背景与教育方法创新的完美融合

现今时代是大数据人工智能的时代，各种科学技术层出不穷。思想政治教育作为教育体系中极为重要的一环同样也需要跟上时代潮流，利用科学技术不断创新教学方法。先进教育必须更注重培养能力，但是能力必须与自身知识体系结合在一起才能发挥更大效用。所以只有努力做到知识与能力的结合才能在科技时代实现科技与教育的创新发展。要想让思想政治教育的实效性得到提升，教育者一定要将自己置身于科技发展水平不断提高的历史发展进程中，做到因势而新。同时紧跟国际趋势，关注国内、国外思想政治教育工作的新方法与手段，正确认识我国与其他西方发达国家之间的差异，全面地、客观地认识当代中国的教育环境，并与国际接轨，不断提升自身教育的质量与水平。在教育手段上的创新往往体现着一个学校对思想政治教育的重视程度，学校应不断开展课外实践活动，如田野调查或红色之旅等，让青年学生学习红色革命精神，这也是历史与现代的一次跨时空连接。此外，还有线上慕课等大量利用网络平台衍生出的全新的教育教学方法，不仅创新了思想政治教育的传播模式，也合理优化了对受教育者的考核结构。基于此，各大高校更应该积极合理地利用网络平台，对大学生进行多方引导，使大学生合理上网、文明上网，全面提高网络化时代高校学子的整体素质。

3. 加强高校立德树人教育环境的基础建设

科学文化知识与人文情怀精神是高校区别于其他教育传播载体的关键所在，校园文化环境无论是对教师还是对学生都会产生极为重要的影响。习近平总书记在多次讲话以及很多场合中都强调了立德树人这个教育大环境和教育基本理念在高校思想政治教育中的重要作用，高校作为社会主义建设人才输送的主要形式，积极推进立德树人教育环境的基础建设就是坚持以人为本原则发展创新思想政治教育。首先，把师德师风建设放在首要位置，教师不仅是专业知识的教授者，同样也是道德教化的传播者，师风师德建设是高校立德树人教育环境基础建设的重要一环。这要求高校教师不仅要有高学历，还要具备高品德，只有这样才能对学生产生积极正面的影响。其次，必须把马克思主义的指导作用放在首位，以科学性和革命性统一的马克思主义指导思想为主体，根据受教育者的需要开展丰富多彩、创新十足的校园文化活动，具体落实理论上有指导、实践中有规范。最后，要在校园网络平台中坚持宣扬立德树人理念，将高校人本原则的思想政治教育方法和观念合理植入学生群体心中，让他们从内心产生强烈的认同感和荣誉感，并且以自身行动积极维护校园文化环境的创建。

4. 引导受教育者个人完整人格的塑造与发展

人本原则的基础环节就是受教育者作为独立个体的完整人格的塑造与发展。高校教育的价值所在是源源不断地向社会输送高素质的人才。面对激烈的社会竞争，高校思想政治教育人本原则的重要症结就在于，怎么样才能在校园环境内实现受教育者完整人格的健全发展。现今社会，不仅要求青年学子有更高的文化素养、科学素养，还要求其作为社会中的一个独立个体，有完整的人格和积极的政治态度。高校思想政治教育就是在人本原则之下，使青年学子自信、自立、自强，不断引导他们，使他们成为社会的优良建设者，且能在飞速发展的社会环境中做出积极应对以保证自己不被社会所淘汰，还能为社会的发展、国家的富强做出贡献。只有这样才能实现自己的人生价值，在面对未来世界挑战的时候才能够做到从容不迫。在我国的教育体系中，高校思想政治教育是非常重要的组成部分，只有在高校思想政治教育工作中坚持人本原则，将“一个主体”的观念彻底打破，充分尊重教师在教学引导上的主体作用，充分认识学生为整个社会奉献力量的主体作用，培养教师在教学中的主动创新性和学生在学习过程中的主动接受性，并在科学的马克思主义理论的引领下，才能真正实现中国梦，实现中华民族的伟大复兴。

二、求实原则

（一）求实原则的内涵

1. 思想政治教育必须符合我国社会发展与人民群众的客观实际

群众作为社会的主人，其本质是一切社会关系的总和。因此，群众个体所拥有的社会关系以及社会意识等因素，不仅会对群众思想的发展变化产生影响，还会对其起到制约的作用。思想政治教育对于群众个体与群体的思想转化都要加以重视，并且要重视社会风气以及舆论起到的作用。这就要求，思想政治教育的出发点与立足点一定要是社会发展的实际以及群众的思想问题现状，不仅应该将群众看成一个整体，在相同的起点上进行教育，还应该对千差万别的群众思想问题进行深入细致的研究，并对其加以解决。这样一来，就能够让理论与实践紧密地联系起来，让思想政治教育的针对性以及有效性得到增强。要想对群众思想发展变化的规律有准确的了解与掌握，就只能与实际紧密贴合，做好与之相关的调查研究工作，让思想政治教育的成效更加显著。

2. 思想政治教育必须与利益引导相结合

群众的思想、行动都与其自身利益密切相关，利益是群众进行生产及一切活动的动因，同时也是群众思想问题产生的根源。马克思主义的基本原则，就是让群众对自身的利益有充分的了解，并且让群众团结起来，为之进行奋斗，所以应该以群众利益作为着眼点进行思想政治教育。从利益导向上看，社会中一切人的关系都是利益关系，社会矛盾之所以会产生，就是因为在利益上存在着差异或者利益是对立的。执政党如果想要将人心凝聚起来，让矛盾得到协调，从而形成强大合力，其坚持的利益导向就一定要是正确的。利益导向正确，社会不同阶层和群体就会从根本上协调一致，能够共同行动和增强社会合力。在我国，国家、集体和个人利益从根本上是一致的。我们进行思想政治教育的主要任务，就是引导人们认清这种一致性，为共同利益而奋斗，并且在奋斗的过程中让自我价值得到实现。毋庸置疑，个人、集体与国家的利益是不可分割的。在三者统一的关系中承认和尊重个人利益，是马克思主义的观点，也是思想政治教育工作的求实原则的要求。

3. 思想政治教育工作要有求真务实的作风

求真务实是党的优良作风的集中体现，也是思想政治教育工作必须坚持的。思想政治教育工作者必须养成求真务实的作风，把求真务实、言行一致作为自己思想和行为的重要准则。要做到求真务实就要不唯上、不唯书，实话实说，实事实办，少搞形式，不尚空谈。要爱岗敬业，把工作当事业干、当学问钻，既练“唱功”又练“做功”，勇于探索、创新。就是以身作则，率先垂范，要求别人的自己首先做到，以自身的模范作用教育群众，引导群众，激励群众。

（二）坚持求实原则的必要性

首先，从思想政治教育的现状看。由于我国社会主义市场经济的不断发展，我国社会的政治、经济以及文化等方面都发生了前所未有的改变，人们的人生观、价值观、道德观、思维方式、行为规范等各个方面都发生着变化，以致在思想政治教育方面出现了一些矛盾：一些传统的思想政治教育方法已不能适应群众现在的思想；传统的思想道德规范与群众的思想实际不相适应。同时，思想政治教育注重灌输理论，在整体素质教育方面比较缺乏，导致思想政治教育不能与现实需要相适应。要想让这些问题得到解决，就一定要在进行思想政治教育创新的时候坚持求实原则，从而让新形势与新发展产生的需要得到满足。

其次，从思想政治教育的作用看。在新时期，创造价值就是思想政治教育最大的价值，在精神转化为物质的过程中，要让先进的思想和党的路线、方针、政策被群众理解与掌握，进而让其变成能够改造世界的物质力量。总而言之，思想政治教育可以对劳动者个体和整体素质的提高发挥独特的作用，让生产力得到解放与发展。

最后，从增强思想政治教育的实效性看。增强思想政治教育的实效性有两种含义：一是增强目的性，即要以党的指导思想为指导方针，坚持党在社会主义初级阶段的基本路线、方针、政策，遵循党的关于建设社会主义精神文明的指导思想、原则和方针，使思想政治教育保持正确的方向。二是增强有效性，即要在实践中讲求实际，实事求是地进行工作，让人们形成正确的思想和价值取向，提高观察、分析以及解决问题的能力，以此将工作的积极性、主动性以及创造性激发出来，让精神力量能够转变为物质力量以及财富。

（三）思想政治教育求实原则的当代启示

1. 用求实原则引领高校思想政治课不断创新

对于思想政治教育来说，其进行的主要渠道就是思想政治理论课，高校思想政治教育传授的知识应该是生动的，而不应该是死板的，应该始终坚持实事求是，从学生的接受能力出发。思想政治教育的内容具有时代性、具体性，所以，在不同的时期，进行思想政治教育的内容也应该是不同的。并且，高校的思想政治理论课不能单凭思政课教师对学生进行理论知识灌输，要结合现代化的多媒体教育教学方式，在教学中与学生进行教育主客体的互动，使学生更好地接受理论课知识，以此让思想政治教育工作更加具有实效性。

2. 用求实原则营造高校良好的学术氛围

实事求是是学术研究所遵守的基本原则，是学术的第一要义。因此，高校需要在学术领域真正贯彻求实原则，实事求是地对待学术成果，为高校营造健康良好的学术氛围。高校要用求实原则指导学生端正学术态度。尽管学术界对学术行为进行了严格的规范，对学术失范现象加大了惩处的力度，但学术失范行为仍然存在。因此，在进行高校思想政治教育工作的过程中必须要坚持求实原则，加强高校师生学术道德教育，强化学术规范教育、学术诚信教育、科学精神教育、学术法制教育，保证学术的健康发展。

3. 用求实原则指导高校“全员育人”

首先，高校要以实事求是为原则，进一步完善思想政治教育，把求是原则贯彻到思想政治教育教学以及日常的工作中，不仅应该反对所有的形式主义作风，还要反对任何形式的弄虚作假，提高高校思想政治教育工作的有效性。

其次，高校思想政治教育工作应该依靠全体教职工，而不能仅仅依靠思想政治理论课教师或专业课教师。增强高校全体教职工的育人意识，要以实事求是为原则，充分考虑高校教职工的人群特点。一方面，高校要选择合适的载体，利用各种现代化科技手段增强高校教职工的育人意识；另一方面，高校要以实事求是为原则对全校教职工的思想态势进行调研，通过对他们思想现状的准确把握，有针对性地增强他们的育人意识。

最后，在求实原则的指导下进行高校校园文化建设。一方面，高校要以求是原则提升校园物质文化水平，提升校园形象，对和谐的校园文化氛围进行营造，使学生在潜移默化中接受文化教育；另一方面，高校要以求是原则提升校园精神文化水平，经常开展校园实践活动，从而使学生的综合素质得到提高。

三、灌输原则

（一）灌输的内涵

如果仅仅从表面上对“灌输”进行理解，就会有不顾人的某种意愿，从外到里强制执行某种事情的意味和感觉，所以，人们往往将其同教育中的“满堂灌”“填鸭式”混为一谈。实际上，这些都是对“灌输”内涵的曲解和偏见。什么是“灌输”的真正内涵呢？在马克思主义理论体系中，灌输有特定的内涵：灌输的过程就是马克思主义政党用系统教育、日常宣传、实践指导等途径，把马克思主义思想体系传播到工人阶级和人民群众中，让他们的头脑得到武装，帮助他们形成科学的世界观和方法论，为共同的理想而奋斗的过程。灌输的实质就是科学理论与具体革命和建设实践的结合。

（二）坚持灌输原则的必要性

1. 高校思想政治教育的本质要求

社会主义高校思想政治教育的本质任务就是通过各种途径，有目的、有计划、有组织地向青年大学生灌输马克思主义、毛泽东思想和中国特色社会主义理论体系，用马克思主义的科学理论武装青年大学生，引导他们用马克思主义的基本理论、基本立场和基本观点，认识和理解社会现实，改造主观世界和客观世界。

2. 现阶段高校思想政治教育的迫切需要

当今世界正处在大发展、大变革以及大调整时期，全球思想文化交流、交融、交锋。青年大学生是国家建设和发展的中坚力量，是实现中华民族伟大复兴的生力军，他们的健康成长直接关系着党和国家的前途和命运。从目前青年大学生的思想状况看，其主流是积极、健康、向上的，但他们对一些基本的政治问题和大是大非问题还是缺乏足够的辨识能力。因此，高校要坚持和运用灌输原则，把马列主义、毛泽东思想和中国特色社会主义理论体系融入大学生思想之中，引导青年大学生用马克思主义的理论、观点和立场批判西方一些非马克思主义或反马克思主义的错误思想，自觉抵制西方敌对势力，使大学生对中国的国情以及自身所肩负的历史使命能够正确地认识，坚定在中国共产党领导下走中国特色社会主义道路的理想信念，努力成为德智体美全面发展的社会主义事业的合格建设者和可靠接班人。

（三）坚持灌输原则的途径

1. 灌输的内容要有针对性

对于大学生的思想政治教育工作，灌输的一定要是具有针对性的内容，有利于培养高素质、自主性、批判性的人才。现阶段，一定要把灌输内容的重点放在对大学生思想的认识以及现实问题的解决方面，对社会当前普遍重视的热点话题进行辩证、客观、科学的揭示，从而提高大学生的思维能力和分析能力。

2. 灌输的内容必须坚持正反结合

随着经济全球化的逐渐深入，我国社会呈现出转型局面，形势复杂，给大学生的成长带来困惑和迷惘，如果只是单纯地使用正面灌输的教育，就会显得苍白无力。所以，在进行灌输教育的时候，可以适当地穿插反面材料，不能一味地回避社会转型时期面临的巨大困难。这样的灌输更具说服力以及可信度，学生接受起来更加容易。

3. 灌输的方法必须具备多样性

灌输原则在实施过程中必须重视教育模式的启发和引导作用，不能强制地硬灌。随着当代大学生思想意识的独立，竞争意识及法律意识的增强，其自主性也大大增强了，要实现灌输的作用，在灌输实施的方式上必须与时俱进，不断创新。做到理论与实践相统一，扩大灌输的覆盖程度，重视显性与隐形相结合的方法，提倡形象、环境、行为、校园文化、舆论、网络媒体等多种灌输方式相结合的模式。将灌输原则充分融入管理、文体活动、校园文化以及网络媒体之中，对大学生的思想意识造成潜移默化的影响。

4. 灌输的方法必须与自我教育相结合

灌输不仅是思想政治教育工作实施的主要途径，还是传承社会文明的重要渠道。一部分人认为，灌输原则只适用于知识水平比较低的人，由于大学生具有自学能力，不适用灌输原则。但是事实上，自我教育与灌输原则是不相矛盾的，二者相辅相成、相互促进，自我教育与灌输其基本目标是一致的。灌输最终必须通过自我教育进行理解和消化，另外，自我教育也是以灌输原则作为基本条件的，否则自我教育就会缺乏正确的引导。灌输原则以其系统性、目的性以及正面性使学生在自我教育的过程中避免了随意性以及零碎性，有利于克服认识和理解上的误区。如果一味地否认灌输原则的重要性，就等于否定了教育的必要性。

5. 灌输的客体必须具有主体能动性

高校在开展思想政治教育的时候，进行灌输的主体是教师，因此教师应该具有诱导性和能动性，占据主导地位。但是，大学生虽然是灌输的客体，也需要增强独立意识以及自主意识，具有相应的主体能动性。由于大学生人格独立、重视自身感受、崇尚自我实现，因此，主体能动性更能激发大学生的自觉学习和研讨精神，实现自我教育，使学生乐于接受灌输。只有不断实现客体的能动性，灌输的价值才能得到提升。反之，如果不注重大学生主体性的发挥，使其思想和行为受到抑制，教师在灌输原则实施的过程中只注重以自我为中心，那么灌输原则的目的就不容易实现，不利于大学生潜能的发挥。

四、心理相容原则

（一）心理相容原则的内涵

1. 心理相容原则的含义

心理相容是一种群体特性，是指群体中各成员之间由于理想、信念、观点一致而形成的一种融洽的心理交往状态，是良好人际关系在人们心理上的反映。每个人都是独立的个体，由于所处社会环境不同、社会经历各异以及认知水平参差不齐等，个体之间存在一定差异，主要表现在能力、思维、兴趣爱好、性格和气质等方面。在实际生活中，个体之间又有着相互联系、相互依存的关系，只有承认自身与他人的差异，做到相互理解、相互包容、相互信任和相互支持，个体之间的关系才能呈现出良好的发展趋势，社会也才能和谐发展。心理相容是实现个体之间“你中有我，我中有你”融洽关系的前提和保证。单独的个体只有在充满信任、理解、包容的心理环境中，才能激发其主观能动性，使其更具活力、创造性、创新性，更能以乐观健康的心态面对生活、学习以及工作，实现自身价值。个体之间只有心理相容，才能创造一个积极的心理环境，从而将个体的力量凝聚在一起，集中力量实现集体的奋斗目标。

2. 思想政治教育中的心理相容原则

思想政治教育中的心理相容指的是教育主体与教育客体之间不存在心理屏障，认可彼此的个人能力，接受和尊重彼此的思想观念，理解和支持彼此的个性特征，形成心理和谐一致、情感相融相通的心理状态。思想政治教育要想取得良好的成效，其基本保证和前提条件就是教育者与受教育者之间要心理相容。假如教育者与受教育者之间可以相互信任与理解、包容与支持，那么教育者就能充分了解受教育者的所思、所想、所忧，从而采取科学有效的措施为受教育者排忧解难；受教育者也能够明白教育者的良苦用心，自愿接受教育者的教育引导，进而让思想政治教育工作的实效性得到提升。相反，如果教育者抱有偏见，对待受教育者的时候采用的态度比较生硬，或是受教育者怀疑和不理解教育者，甚至对教育者有反感心理，就必然会导致思想政治教育工作没有办法顺利地开展。

（二）坚持心理相容原则的意义

1. 有利于营造良好的心理氛围

在思想政治教育中，心理相容原则促进了教育者与大学生的相互理解、相互信任、相互依赖，形成了融洽、交流无障碍的师生关系，营造了良好的心理氛围。大学生在与教育者进行交流时，双方关系融洽，没有歧视、猜疑或矛盾，就能敞开心扉畅所欲言，说出自己所思、所想、所忧，为教育者全面掌握大学生的思想动态提供便利，让教育者可以在思想政治教育过程中因材施教，从而让高校思想政治教育工作更加具有实效性。

2. 有利于教育主客体充分发挥主观能动性

一方面，心理相容使大学生保持积极乐观的心理态度，不论是在生活上、学习上，还是在未来的工作中，都能充分发挥自身的主观能动性，激发思维潜能以及学习热情，促使他们积极主动地接受正确的引导，提高他们的学习效率和学习质量，让他们的学习更具创造性、包容性和多样性，在实现个性发展的同时实现自我价值，进而获得心理满足感和成就感，形成一种良性循环。另一方面，教育者看到大学生在自己的引导下，以积极乐观的态度面对生活、学习和工作，也会获得满足感和成就感，进而激发教育者的主观能动性，继续以乐观积极的态度投入教育工作。

3. 有利于消除大学生的逆反心理

大学生的世界观、人生观、价值观正处于发展期和形成期，对问题的了解并不全面，常常只知其表象而不知其本质。再加上大学生的个性强，自我管理能力差，常常以自我为中心，当自己的一些做法不被家长、教师、朋友所理解和信任时，就会产生消极对抗的情绪，出现逆反心理。在开展思想政治教育工作的时候运用心理相容原则，教育者会主动关心、信任、尊重、爱护大学生，让他们感受真诚的人文关怀，触动其内心，让大学生能够对其产生信赖感，对于教育者进行的正确引导愿意主动地接受，并且能够听取不同的意见，消除自身的逆反心理。

（三）运用心理相容原则的必备条件

1. 教育者与受教育者价值观的接受和认可

心理学中的相似性原理指的是拥有大致相同或者较为相似的观点的人，能够更容易理解，吸引彼此。生活中大多数人喜欢接近有相同观点的人。教育者和学生如果在信仰或者价值观等方面有较为相似的地方，就会使他们有一种“彼此相像”的感觉，这样，他们在心理上就能理解彼此，易于接受彼此。在这种情况下，教师应主动通过开展各种活动接近学生，让他们自觉地在各种实践活动中形成符合社会需要的思想观念，这样形成的思想观念比空口说教更有效。

2. 教育者应具备良好的人格魅力

教育者不仅应该提升个人的能力素质，还应该提升个人魅力，拥有良好的个人品质。教育者是教育实践的指导者，榜样的示范力量会使教育者像一块磁铁吸引着大学生，从而引导他们的言行，所以教育工作者要时刻重视自我教育的作用。教育者的道德素质和个人能力应该符合教育工作者的期望，否则，教育效果将大大降低。

（四）实现师生心理相容的路径

1. 教育者要提高自身修养

教育者是大学生树立正确世界观、人生观、价值观和全面健康发展的引导者及保障人，只有做到思想境界高、政治立场稳、道德品质好，才能吸引、感染大学生，使其信服，愿意接受思想政治教育。同时，教育者要具有良好的个性品质和美好的外在形象。若教育者对待学生做到真诚、热情、通情达理、善解人意，外在做到仪态大方、行为举止得体，那么学生自然愿意与教育者交往交流。这时教育者再通过交流给予学生思想启发，丰富其情感，满足其心理需求。除此之外，在进行思想政治教育的时候，教育者有教育主体与教育客体的双重身份，在开展教育的同时注意接收学生的反馈，根据反馈改进自身不足，不断完善自我，促进教育方式和教育内容与时俱进，实现教育者与大学生的心理相容。

2. 建构平等民主的师生关系

在开展思想政治教育工作的过程中，教育者要放下高高在上的教师形象，以朋友、亲人的身份出现在大学生面前。只有师生双方处于一种平等和谐的关系，大学生才会感到轻松愉悦，没有心理压力，乐于与教师坦诚地沟通交流，说出心里话。在生活上，教育者要像亲人、长辈一样主动关心大学生，让他们在充满爱意的家庭中成长，使其对教育者产生心理信赖感。在学习上，教育者不仅是教师，还是学生的朋友，应主动帮助大学生，做一个真诚的倾听者，适时给予学生正确的指导，让他们产生心理依赖感，化解对立情绪和逆反心理。

3. 在第二课堂中发挥学生的主观能动性

对于思想政治教育工作来说，实践活动是其第二课堂，教育者应该有意识地对实践活动进行组织，并且应该积极参与其中，通过实践活动，使学生能够领悟理论知识，并对其进行运用，对实际的问题进行探索，并且加以解决，同时实现自我价值，将学生探索真理的欲望激发出来，发挥其主观能动性，使学生积极投入学习，补足自身的短板，全面健康地发展。教育者可以与大学生一起策划、一起讨论，确保实践活动的可行性、安全性、实用性，做到与学生同思、同做、同苦、同乐，形成一种轻松愉悦的教育教学氛围。教育者要让学生放下防备心理，增加与大学生的双向交流互动，潜移默化地传播正能量，发挥自身榜样作用，成为学生成长历程中的带头人和引路人。

第二节　高校思想政治教育的教学内容创新

一、思想政治教育内容创新的必要性

思想政治课伴随着青少年成长的全过程，是一个有机整体。因此思政课也应该是大中小学一体化建设，这样才能保持对青少年思想政治教育的连贯性，从而有助于促进思想品德教育质量的提升。随着我国市场经济改革步伐的加快与新媒体的发展，高校思想政治教育工作面临着巨大的挑战。

第一，新媒体环境下错误言论影响了社会主义核心价值观的传播。网络环境下人们的言论更加自由，同时由于网络的匿名性特点，很多网民在网上陈述观点与表达想法很直接，带有较强的主观色彩。于是各种负面信息不加筛选被呈现出来，从而导致了网络信息的良莠不齐。在这样的环境下，很多错误言论趁势泛滥，从而干扰了大学生的价值观选择。同时，新媒体环境最大的特点就是交互性强，这样就为大学生思想观念的交流与互动提供了便利。有些大学生通过网络环境表达自己对于各种社会问题的看法，这些看法带有很强的主观色彩，从而使得大学生的价值观选择容易被一些错误思想所左右，在一定程度上影响社会主义核心价值观的传播。

第二，重视物质追求、忽略意识构建的社会环境为高校思政教育工作设置了障碍。随着我国市场经济的发展，有些人习惯于用金钱来衡量一个人的价值，对于金钱的崇拜力度也逐渐加大。在这样的社会环境下，人们更加重视物质追求，在一定程度上忽略了对世界观、人生观、价值观的构建，这些都为高校思政教育工作设置了障碍。这样的社会环境，显然不利于大学生自我发展与正确价值观的树立。

第三，越来越开放的世界加重了大学生在多元化文化选择中的迷茫感。随着全球化的深入，各种文化进入我国，大学生的思想观念受到了多种文化的冲击。不同文化之间近距离接触，必然会有碰撞与斗争。如果大学生有着坚定的马克思主义信仰，就能够在多元文化中做出正确的评判；如果大学生本来就缺乏坚定的马克思主义信仰，就会在这种多元文化环境中产生迷茫感，从而找不到人生的方向。

第四，理想信念教育缺乏。加强高校学生中国特色社会主义理想信念教育，一直是高校思想政治教育工作的重要课题，但是在具体的教学实践中，却仍然找不到切实可行的教育方法与手段，使得高校理想信念教育的效果不明显。一些大学生在现实的学习与生活中缺乏明晰的人生规划，没有树立起远大的学习奋斗目标，对于自己的大学教育目标，仅仅定位在“找个好工作”等短期功利目标上，没有将自己的理想与国家需要和社会发展结合起来。

二、思想政治教育应该创新的内容

（一）学生的思想教育

在新的时代背景下，思想教育是新时期思想政治教育的基础，21 世纪的大学生作为国家和民族的希望，需要积极适应新的形势需要。传统的思想教育方法主要是灌输思想，只是单纯地要求和规范，只是机械地告诉学生什么是正确的思想和行为准则，但是这些说教往往是不够的，传授的思想更加片面化，并没有真正内化为他们的思想，导致这些思想教育更加虚假和片面，不能指导学生，不能准确地让学生树立体现新时代内涵的世界观。这就需要教师通过高尚的人格魅力感化学生，通过以情动人，帮助学生正确审视人生的发展，让学生认识到，人们只有让别人完美，让他们感觉到幸福，自己的生活才能完美。当代的大学生思想较为开放，认识问题和分析问题都有自己的见解，很多学生对教师照本宣科的说教往往不信服，严重地会产生逆反心理，这就要求教师用好课堂讲台、用好校园阵地，以自己的言行引导学生树立正确的价值观，为高校开展思想政治教育增添生机和活力。

（二）学生的政治教育

新时代，思想政治教育内容的核心就是政治教育，政治教育所涉及的内容是多方面的，所以，对于政治理论课在学生思想工作中的主渠道作用，高校应该进行充分发挥。高校应加强理想信念教育，结合实际情况，建立机制、明确政策，从制度上对专职政治教育人员的待遇问题进行解决，努力为其创造良好的工作环境和条件，保证他们有足够的时间和精力投入学生的政治教育当中去，帮助他们树立正确的政治方向、立场以及理念，让其本身的理论水平与业务素质得到提高，将课堂教学中的理论问题和现实生活中的实践问题相结合来解决。只有这样，才能潜移默化地引导学生树立正确的科学态度，坚定政治信念。因此加强高校学生的政治教育是十分必要的。

（三）学生的道德教育

高校思想政治教育的核心环节就是加强道德教育。大学生的思想道德状况直接关系到中华民族的整体素质，这就要求我们重视大学生的思想道德教育工作，更新教育观念，树立以人为本的办学理念，完善新时代高校德育的内容，坚持以人为本，上好思想政治教育课，增强自律意识。道德需求是不同于物质需求和精神需求的一种特殊的社会需求，道德需要具备一定的心理倾向，不是从社会中获得和索取的，而是内心的一种满足。教师要充分认识到一些学生存在道德认知与道德行为的脱节，言语和行为不一致的现象。所以，首先要做的就是净化校园环境，为开展道德教育构建一个健康的环境；其次是全面提高自身的道德素养，在教育学生的时候要以身作则，之所以要这样做，主要的原因是教师在道德方面的表率作用对于培养学生良好的思想道德品质是十分重要的，对于带头倡导良好的社会风气是十分必要的；最后是加强学生对理想信念的追求，引导学生爱国守法、明礼诚信、团结友善、勤俭自强、敬业奉献。

（四）学生的法治教育

在新时代，提高大学生法治素养的核心是加强大学生的法治教育。大学生作为社会主义事业的接班人，必须要具备一定的法律素养。要以提高法律素质为核心来加强大学生的法治教育，以法律基础课为主，采用多种形式相结合的方法。高校必须充分地利用这一教学平台，充分地发挥其法治教育的主要渠道作用，将法学理论知识的学习和具体的实践相结合，让大学生进行深刻的理解，并且与其他课程相结合，相互渗透、相互理解、相互影响，这样才能更好地促进学生综合素质的提高。

三、思想政治教育内容创新的具体要求

（一）注重内容的生活化

我国高校的思想政治教育内容严重滞后，难以真正地实现与时俱进，现有的教育水平以及教育质量不容乐观，学生在学习的过程中过于被动，同时教师也面临着较大的教学压力。之所以会出现这一现象主要在于大部分的高校在落实思想政治教育的过程中实际的教育内容缺乏一定的实践性。尽管对于社会主义国家来说，思想政治教育课程的设置必须要以说教为主，但是作为新时代的思想政治教育工作，不仅应该注重对学生的引导以及正面教育，还需要立足于社会现实以及教育内容的实际情况进行有效的革新，通过对国外形势的分析，结合国家经济建设的实际情况，对大学生进行有效的引导，保证大学生能够主动地接受学校的思想政治教育理论，积极地关注社会现实，从而树立正确的政治观以及政治立场，为我国和谐社会的建设以及社会主义良性发展做出自身应有的贡献。

（二）注重内容的实践性

长期的应试教育导致我国在落实课程教学的过程中只关注对学生的引导以及知识的灌输，忽略了学生实践能力的提高，这一点不仅导致学生在思想政治学习的过程中缺乏一定的主观能动性，还难以真正地掌握思想政治学习过程中的精髓以及奥秘，难以在学校的引导之下提高自身的政治素养。通过实践调查可以看出，学生缺乏一定的参与积极性的主要原因是现有的思想政治教育课程在内容上过于死板，难以对学生进行有效的指导，没有办法真正实现实践与理论教学的有机结合。我国高校的思想政治教育除了需要以培养学生正确的思想政治立场为立足点外，还需要提高学生的动手能力以及实践能力，让学生能够在学校的引导之下积极地参与各种社会实践活动，在参与社会公共活动的过程中发挥个人的作用以及价值，为国家的经济政治文化建设提供力所能及的帮助。

第三节　高校思想政治教育的教学方法改革

一、疏导教育法

（一）疏导教育法的基本内涵

开通壅塞的水道，使水流畅通，是疏导一词的释义。刘新庚教授在《现代

思想政治教育方法论》中指出："疏导教育法就是指对人们的思想认识问题广开言路，集思广益，同时又善于引导，帮助人们提高思想认识的方法。"由此可见，疏导教育法是由"疏"（疏通）和"导"（主要是引导）两个层面的步骤构成的。思想政治教育中的疏通是指广开言路，集思广益，让大家敞开思想，对各自的观点和意见进行充分发表。导，即引导、开导，是指在思想政治教育中循循善诱，进行说服教育，对各种不同的思想与言论进行引导，让其走上正确并且健康的轨道。

通过以上概念的归纳我们可以看出，要准确把握疏导教育法的基本内涵，需要从如下层面入手：一是重视"疏"的作用，疏导教育法是建立在教育双方地位平等、互相交流的基础之上的，即充分发挥了受教育者的自觉主动性，让受教育者讲出心中所想，教育者再根据受教育者具体的问题进行引导，是一种教育主体与教育客体思想、情感互相交流的方法；二是要重视"导"的作用，在教育过程中教育者要发挥主导作用，对受教育者所表达的正确思想观念予以肯定，对于不当和错误的言行进行说服教育，弘扬和宣传正确思想；三是疏导教育法是一种解决人民内部矛盾的方法，应当本着"惩前毖后、治病救人"的原则进行，所以在运用的过程中主要采取说服教育、真情感化、批评教育和循循善诱等方法进行。由此可见，疏导教育法是由相互联系、相互依存的"疏"和"导"两个方面构成的。没有疏通环节的畅所欲言、广开言路，引导就无法顺利开展；没有引导环节的利导引导、说服教育，疏通也就失去了意义和价值。

（二）疏导教育法的主要方式

疏导教育法是由"疏通"和"引导"两个方面构成的方法体系，"疏通"和"引导"都有其不同的方式。从"疏通"的角度来讲，有集体表达和个别谈话两类方式。集体表达是指针对群体性的问题让一定数量或特定组织的群众集体表达意见或看法，主要有民主讨论、干群对话等形式；个别谈话是指针对某个人的问题让个人充分表达自己的思想和意见，主要有书信表述、个别谈话等形式。从"引导"的角度来讲，以"导"的不同形式为依据能够把疏导教育法分为以下三个方面。

1. 分导

所谓的分导也就是分而导之，是指针对某个群体或个人复杂的思想问题而采取的分散、分步、分头而导的方式。分散而导是指针对某个群体共同存在的思想问题，通过逐个分散引导，对群体中每个成员在思想上存在的问题加以解决，以切断群体内的不良思想串联蔓延的方式，从而将复杂的群体问题化整为零、逐个击破，最终解决群体问题；分步而导是针对个体思想问题而言的，导致个人错误行为的思想是多方面的，教育者要分清主次、分清轻重缓急，要抓住主要矛盾的主要方面，充分挖掘受教育者问题产生的根源，按照一定的顺序有步骤地进行解决；分头而导是指教育者集中各种人力物力，对集中而严重的思想问题进行全方位引导，要整合各种教育资源、利用有利环境对受教育者进行帮助教育，以化解受教者的不良情绪，解决思想上的问题。

2. 利导

所谓的利导也就是因势而导，是指教育者要善于抓住有利的时机和环境，对受教育者进行有针对性的、深层次的教育，通过及时的、生动的教育使受教育者真正理解并接受正确、积极的思想。有利的时机可以是正在发生的大事，如建国周年时，教育者可以组织学生集体收看阅兵式，使青年学生通过对我国强大的军队和国防力量的直观了解，感受到伟大祖国的强大，深刻体会中华人民共和国成立以来党带领全国各族人民进行社会主义现代化建设的伟大成就，从而使学生激发爱党爱国的热情，达到教育的目的。教育者也可以抓住某些重大的事件和节日组织开展相关教育活动，如在三月的学雷锋活动月开展各类志愿服务活动，组织青年学生通过志愿服务的实践，深刻体会到奉献社会、助人为乐的价值，从而引导青年学生积极践行雷锋精神，内化为自身的品德、外化为良好的行为，推动受教育者“知、情、信、意、行”的转化，最终形成良好的思想品德。

3. 引导

所谓的引导也就是启发诱导，是指教育者运用“提出问题—分析问题—展开讨论—统一思想”的思路，引导受教育者积极运用头脑进行思考，并通过思想碰撞和比较分析使受教育者学会透过表面现象探究事物内在的必然的联系；通过对事件正反两方面的解析使受教育者学会用全面的观点来看问题，能够在面对诱惑时保持谨慎，面对挫折时勇往直前；通过开导受教育者，使其改变原来狭隘短浅的认识，学会在看待问题的时候使用全面的、发展的、联系的观点，拓展其思维；通过用已知的事实作为依据，使受教育者认识到不良思想导致的严重后果，以达到放弃原有的错误想法，从而走向正确思想轨道的目的。

（三）疏导教育法的基本特征

1. 重视民主平等

重视民主平等是疏导教育法运用的前提和基础，也是其首要特征。民主平等首先是指在进行教育的时候，教育者与受教育者的地位是平等的，双方以平等的身份进行交流，受教育者有表达意愿和想法的权利；其次是指教育双方要进行互动，对于某个特定的问题，教育双方都发表见解，对方要认真聆听并进行讨论，并就其不明白的地方进行提问，就其不同意的内容进行反驳，是一种朋友式、兄弟式的探讨；最后，教育者也要对受教育者正确的思想进行肯定，对其错误的思想进行批评纠正，是一个互相交流、互相探讨、互相提高的过程，摒弃了教育者居高临下的一味灌输，不给受教育者任何表达想法的权利的传统方式。

2. 强调主体间性

主体间性是主体间关系的规定性，指主体与主体之间的相关性、统一性、调节性。主体间性是两个或两个以上主体的内在相关性，它的基础是个人的主体性。疏导教育法的主体间性体现在教育主客体之间是相互影响、相互转换的关系。受教育者的主体性体现在可以充分平等地表达自己的意愿，并对教育者的理论有辩论和选择的权利；教育者的主体性体现在对教育活动的组织和设计上，以及对受教育者正确思想的弘扬和错误思想的纠正过程中。教育主客体之间的互相转换体现出教育双方是一种交融性的存在，是一种“主体—主体”的思维模式，即一种教学相长、青蓝互滋的和谐状态。

3. 注重人文关怀

注重人文关怀是疏导教育法的情感延伸，也是疏导教育法有效性的重要基础。疏导教育法要求教育者认真倾听受教育者的思想和意见，当然也包括情感层面的问题，并且要求教育者将情感内容作为核心话题与受教育者进行交流探讨，在帮助受教育者的过程中不仅仅是理性内容的灌输，更重要的是情感问题的疏通，只有疏通了情感才能使受教育者以良好的风貌和积极的心态来接受正确的思想。教育者要真正将受教育者当成自己的家人、兄弟和朋友，真正地关心他们、关注他们的实际问题、关注他们的发展。疏导教育法要求教育者肯定人的个性与价值，尊重并关心受教育者选择的权利，维护并支持受教育者的个性发展。

4. 突出强针对性

突出强针对性是疏导教育法取得实效的基石。疏导教育法要求教育者在认真倾听受教育者具体问题的基础上进行分析辨别、归纳总结。教育者要针对不同受教育者的不同问题采取不同的方法，具体并且实际地为解决受教育者存在的问题提供帮助；对受教育者的合理诉求应该积极地进行反映，搭建好沟通的桥梁；要善于借助各种环境、充分运用各种人力物力条件形成教育合力，帮助受教育者解决大的问题；要借助具体的典型给受教育者以直观的感受和刺激，使受教育者明辨是非、明确努力进步的方向，要关注受教育者个人的要求，帮助受教育者解决与自身成长和发展相关的实际问题，最终使受教育者真正得到帮助。

（四）运用疏导教育法的必要性

从疏导教育法的定义出发，就会发现与一般的思想政治教育的方法最大的不同在于疏导教育法强调对学生的分导、利导与引导，这是强调师生思想互动与交流碰撞的过程，而绝非一种单方面、单向度的灌输。这种方法是符合学生以及社会发展的需要的。

第一，疏导教育法重视民主平等，符合师生关系的内核。民主平等指的是在教育过程中，双方的地位是平等的，双方都能够平等地表达自己的想法并对这些想法进行充分的交流与互动，同时对于某个特定的问题，双方都必须发表见解，而不是教育者占绝对的主导地位。在高校以人为本，立德树人的大的教育背景之下，疏导教育法的这一点恰恰契合了当今学校想要构建的一种师生关系，即给学生充分的权利表达自身的思想情感，摒弃了教育者居高临下灌输的这种做法。

第二，疏导教育法强调针对不同的学生采取不同的教育方法，为解决学生的实际问题提供帮助，这种方法的针对性更强并且能够发挥更大的作用。疏导教育法要求教育者必须认真倾听学生思想上的困惑，并且在此基础上对问题进行总结梳理，帮助学生完成自身的成长。整个过程中，都十分注重学生自身的看法与感受。在教育中，每一个个体都是与众不同的，只有建立在对学生本身个性的了解的基础上，才可以为解决学生思想方面存在的困惑提供帮助，并且与教育的基本规律相符合，也能够更高效更有针对性地对学生进行教育。

第三，疏导教育法在高校中有很强的适用性，使用起来非常广泛。疏导教育法是随着我党的思想教育的创立而产生的。可以说，疏导教育法与思想政治教育是相辅相成、骨肉相连的。运用到高校中，疏导教育法对正处于思想价值观形成关键期的大学生来说，强调对学生本身状况的关注，具有很好的适用性且易于操作，因此在高校当中运用得非常广泛。思想教育工作者常常在不知不觉中使用疏导教育法对学生进行劝导，无论是专业课还是思想政治教育课，教育者一般会在与学生进行交流的时候疏导学生的思想，与学生交流沟通。但这大部分都是在一种无意识的自主情况下使用的，而缺乏具体的训练，也常常导致很多问题的产生。

（五）疏导教育法发展中存在的问题

1. 疏导教育法所必需的民主关系在部分高校难以贯彻

思想政治教育的特点与规律决定了高校在进行思想政治教育的过程中应该始终坚持民主原则、发展民主关系。思想政治教育的对象既是思想政治教育的客体，在某种意义上讲，又是思想政治教育的主体。不管是什么教育，要想在真正意义上被接受，就需要经过受教育者的内化。因此新形势下，思想政治教育中的疏导教育法应该将高校学生是学校的主人这一本质特征体现出来，并且要进行落实。在思想政治教育中，需要对民主精神进行发扬，对民主作风以及方法进行坚持，尊重高校学生的主人翁地位，对民主环境与氛围进行营造，这样才能让高校学生学习的积极性、主动性、创造性得到充分发挥，让高校学生的民主权利与人格得到尊重与保障，创造条件让高校学生能够将自己的意见充分地表达出来，并且应该对其进行正确的引导，以培养高校学生的民主精神，促进社会主义校园的建设。但是在现实的高校教育中，一些学生与教育者的民主关系就比较紧张。部分教育者无视作为独立主体的学生，具有个人的意志、思想和人格，也具有自我选择、自我发展的需要和权利。即使在疏导教育法的形式下，教育者对学生也是居高临下的，他们不允许学生质疑自己，也不允许学生提出不符合自己实际的问题，这样疏导教育法所必需的民主平等的特点就被无情地抹杀了，疏导教育法所必需的民主关系要想在高校思想政治教育中得以贯彻就会变得十分艰难。

2. 疏导教育法的发展所必需的硬性条件不能满足新形势的需要

疏导教育法所必需的物质条件、人力条件等都难以满足需要。疏导教育的顺利进行需要足够的场所和设备来支撑，但是现在高校专业课程任务繁重，学科教育和思想政治教育存在着争时间和争教室的现象，在这样的情况下大部分都是以思想政治教育妥协为结尾，造成疏导教育不能顺利开展。同时，疏导教育法所需的教育者的结构、数量、质量也不能满足新形势下我国高等教育事业的发展和学生数量的急剧增加。具备良好的素质是思想政治教育者履行好职能的前提，同时也会对思想政治教育的效果产生重要的影响。

3. 疏导教育法的方式和载体相对落后

疏导教育法要求教师和学生进行深层次的交流，它是一种双向沟通的形式，但是现在的疏导教育法很多还是停留在谈话、书信的层面上，造成疏导教育很难实现预期的效果。要想进行思想政治教育，必须要有一定的载体，对于思想政治教育系统来说，载体是非常重要的组成部分。要想完成教育目标、实现教育任务、传达教育内容以及运用教学方法，教育主体和客体之间的互动等各个方面都需要一定的载体。现今高校学生追求时尚和喜爱高科技，他们进行沟通交流常借助QQ、微信、人人网社交平台、微博等现代化的交流载体。传统的开会、谈心、理论教育、党组织及学生团体活动等载体已经不能适应现代社会的发展。

（六）发展疏导教育法的措施

1. 营造民主的制度氛围

要营造民主的制度氛围应该做到以下三点。

首先，教师在面对学生的时候，应该始终保持平等的态度，尊重他们的权益，让学生自我教育的积极作用得到充分的发挥，让学生能够更加积极主动地接受教育。在平等民主的氛围下，学生充分暴露自己的思想问题，提出自己的困惑，教师才能更好地解决学生的问题。

其次，在教师与学生之间建立平等对话双向沟通的机制。例如，建立网站，教师轮班在线，当学生遇到问题的时候，不管是什么时候或者处在什么地点都能与教师进行交流。设立学院短信提醒服务，每周给学生发送温馨的贴士，对学生的生活与学习起到关心的作用。公开书记和校长的邮箱，让学生可以畅谈自己遇到的问题。通过机制的建立，教师要清楚、完整地了解到学生的问题所在，把学生的错误思想拉到正轨上。平等机制的建立不仅需要教师和学生的合作，更是一种信任，所以我们要激发学生的积极性，让教师与学生共同探索民主氛围营造的方法，这样也更能符合学生的心意，更容易被学生接受。

最后，鼓励和支持学生有组织、合理地表达诉求。疏导就是要广开言路、集思广益，要广开言路，就必须创造条件，让学生把各种意见讲出来。学生可以通过广播、微博等合理地表达自己的诉求，尤其是大部分学生都共同反映的诉求，学校应该积极地与学生进行沟通。

2. 创造有利于疏导教育法运用与发展的人力物力条件

疏导教育法的顺利开展需要一定的物质基础，学校要为疏导教育法的开展提供良好的场所，为思想政治教育课程提供合理的课程安排，为思想政治教育课提供新兴的技术和设备。首先，学校需要为疏导教育法的运用提供固定的场所和固定的时间，方便师生间的交流。学校也要为疏导教育法的运用提供不固定的场所和时间，对于一些突发的问题，矛盾尖锐的亟待解决的问题能够灵活地处理。其次，学校需要为疏导教育法的运用安排相应的课程。每一个方法都有自己的理论知识，有自己的专门概念、范畴和术语，因此在运用方法之前需要对理论进行学习，了解疏导教育法的概念、表现方式、形成原因等。在对基本的疏导教育法有了了解后，教育者应更加深入地研究疏导教育理论，组成课题小组，加以实践，从而推进疏导教育的发展。最后，学校要为疏导教育法的运用提供新的技术和设备。如今，几乎没有学生不接触电视、网络的，所有的学生都不能离开它们，有甚者已经对它们产生了依赖，与各种传播媒介“为伴”已经成为学生生活与学习不可缺少的方式。学校可以利用现代学生的这种特点，顺应学生的爱好，在学生的爱好和习惯中贯彻疏导教育。

3. 创新疏导教育法的方式和载体

教育者需要对自己在实践中形成的疏导教育方式进行及时总结，提高对疏导教育的认识，有效地运用疏导教育法。教育者可以加强对疏导教育知识和心理学知识的学习，了解高校学生的心理特点，从而与学生进行更加有效的交流。教育者可以用马克思主义理论教育学生具有高尚的思想道德情操、积极乐观的态度、革命探索的精神。教育者可以加强网络技术的运用，从而扩大疏导教育的应用平台，拓宽疏导教育的应用范围。随着社会经济的发展，传统的书信、面谈在教育中发挥的作用越来越受到限制，学生也不愿意接触，教育者应该在疏导教育法中加强对于新科技的应用，包括建立局域网络、开通教师问答专线、手机短信温馨提醒等新科技手段。

二、榜样教育方法

（一）榜样教育法的定义

榜样教育法是指树立先进典型，以先进人物的先进思想与事迹为榜样，对人们进行教育，提高人们的思想认识、道德素质和政治觉悟的一种方法。在德育教育中，榜样教育法能够发挥巨大的作用，具有示范性、生动性和激励性等特征。教育者要想自己的教育获得更好的结果，就必须要对上述特征有充分了解，将受教育者本身的积极性激发出来，并且对受教育者的潜能进行挖掘。在恰当的时间采用适度的榜样教育法，对于受教育者的个性发展与个人素质的提高可以起到促进的作用。但是，如果过度地使用榜样教育法就会导致受教育者产生心理疲劳，产生的效果与预期的效果相反，没有任何价值可言。传统思想政治教育采取的大多数都是社会化的育人模式，只重视为经济的发展提供服务，但是不太重视对个体发展的诉求。所以，要想让个体身心发展的需要得到满足，对人文理念进行完善，以此让受教育者的综合素养得到提升是必不可少的。

（二）榜样教育法运用存在的问题

1. 部分大学生对榜样的认可度偏低

据相关调查研究："以雷锋这一经典榜样为例，初中生的认可度达70.37％，高中生的认可度也接近60％，而大学生对雷锋的认可度仅在40％。"对统一榜样的认可度，大学生群体远远低于中学生。各种不良社会思潮的泛滥导致部分大学生对榜样有着严重的认知误区，对榜样的认可度不高。部分理论知识不扎实、道德素质不高的大学生很容易受外界不良舆论的影响，对榜样产生不正确的认识和评价。

2. 思政课程不够重视榜样教育法的运用

（1）不重视运用榜样教育法

部分思政课中采取单一灌输教育模式，忽视榜样教育法的运用。时代在发展，大学生的思维方式也会因此而产生变化。有些高校采用的仍然是过场式"听课"的思政课堂，教师讲课，学生听讲，教师与学生之间缺少交流，课堂也几乎没有互动。极少数的教师在思政课堂中运用的仍然是单一的"填鸭式"灌输教育，做不到多种教育方法的综合运用。就算是使用了榜样教育法，其目的也只是让课程更加完整，在向学生传达榜样精神的时候，只会采用口头讲述的方式。

（2）部分思政教师做不到以身作则

榜样教育法在思政课中的运用在很大程度上体现为教育者自身对大学生的榜样教育，教育者的一言一行都会对学生产生重要的影响。在进行实际教学的时候，少数思政教师作为思想教育者，不能给大学生灌输积极向上的思想观念和道德价值观，在课堂上随意发表不当的言论。甚至还有极个别教育者做出违背道德、触犯法律的行为，更是对大学生造成严重的负面影响。思政教师不能发挥模范带头作用，这是榜样教育法在思政课堂上失效的重要表现。

3. 大学生难以做到榜样精神的知行合一

榜样精神难以落实到具体的榜样行为的一个重要的表现就是，大学生并非不想而是不能完成自己的知行转化。很多大学生表示，每次听完榜样教育的讲座或者观看完榜样人物纪录片都会深受触动，精神受到鼓舞。然而，大学生在接受和认可榜样精神之后也无法实现百分百的行动落实。要么是因为对榜样精神的感慨难以长时间持续，还没等去做那股热情就没了；要么是因为榜样实在离自己的生活太遥远，找不到方式去落实。现实情况下，榜样教育活动很难落实到某一具体部门，也就很难有常规性、标准化的实践活动，也难以进行持续的跟踪和监督。众多原因都导致大学生没有将实践榜样精神看作一个必须完成的环节，不能及时或者长久地实现榜样精神的知行转化。

（三）强化榜样教育法运用的途径

1. 完善榜样教育法在思政课程中的运用

（1）践行社会主义核心价值观

首先，榜样教育要坚持社会主义核心价值观的方向引领。马克思主义实践观点认为，理论对实践具有能动的反作用，科学先进的理论对社会实践具有促进作用。社会主义核心价值观集中体现了科学的社会主义核心价值观，滋养于优秀的中华传统文化，批判继承西方价值观的优良成分。社会主义核心价值观在宏观上为榜样教育的发展提供了清晰明确的方向保证。思政课在开展榜样教育的过程中要发挥社会主义核心价值观引领风尚、凝心聚力的作用，使社会主义核心价值观成为大学生自发自觉的道德向往和价值认同。

其次，榜样教育要坚持树立多种类型的榜样。社会主义核心价值观蕴含着国家、社会、个人多层次的道德要求，高校榜样教育选择榜样应当坚持多样化，展现热爱祖国、奉献人民的爱国精神，自强不息、砥砺前行的奋斗精神，与时俱进、锐意进取的改革创新精神，辛勤劳动、创造未来的劳动精神。

（2）思政教师要自觉成为时代榜样

首先，思政教师要不断提升理论文化水平，以扎实的功底进行思政课教学。传道解惑是一个教师的本职工作，提升理论文化水平、增加知识储备、提高教学技能是教师应有的自我要求。思政教师不仅要有坚定的马克思主义信仰，而且对思想政治理论课都要掌握扎实。思政教师应该好好学习《习近平新时代中国特色社会主义思想学习纲要》，用新思想对自己的头脑进行武装，坚定理想信念，提高综合素质。

其次，思政教师要提高自身道德修养，以德服人，以德育人。教师不仅仅是教书者，更是育人者。要培养德智体美劳全面发展的社会主义建设者和接班人，培育其“德”是第一位的。教师不仅要教给学生理论知识，还要培养学生良好的思想品德。思政教师要严以律己，以自身高尚的道德情操对学生进行潜移默化的熏陶。思政教师担负着铸魂育人的重要使命，要勉励自己成为可信、可敬、可靠，乐为、敢为、有为的优秀教育者。

2. 发挥大学生自我教育的作用

学校要净化校园网络环境，营造健康的网络学习榜样氛围。随着科技的快速发展，互联网已经全方位渗透到大学生的日常生活当中。大学生身处的校园环境不仅包括实体的校园环境，还包括虚拟的网络校园环境。目前，各大高校几乎都有内部的网络共享平台，如官方网站、微博、微信公众号等。互联网传播的广泛性、快速性、盲目性等特点都对校园网络环境产生一定影响。学校要充分发挥互联网的积极作用，利用网络宣传正面典型。

（1）提升对榜样的认同感

首先，大学生要加深对榜样的深层认知。一方面，大学生要关注不同类型、不同层次的榜样群体，不同类型层次的榜样闪耀着不同色彩的光芒。除了要学习和了解与自身联系密切的榜样群体，大学生也要加深对其他层次榜样的了解，接受多种榜样精神的熏陶，促进自身的全面发展。另一方面，大学生要通过多种途径全面、完整地认识榜样。媒体对榜样的宣传和报道往往是弘扬其主要的精神品质，大学生要深入挖掘榜样事迹和榜样行为，要不断提高判断是非的能力，避免因为认知的片面性而产生对榜样的误解和扭曲。

其次，大学生要提升对榜样的认可感。党和国家对榜样进行评选和表彰，是由于其对国家和人民做出了巨大的贡献。社会对榜样精神进行宣传和弘扬是因为其代表了社会主义核心价值观，代表了社会主流价值方向。榜样模范人物无私奉献、艰苦奋斗，推动了国家的富强和民族的振兴，是时代的楷模。大学生群体要对做出巨大贡献的人们给予鲜花和掌声，坚决反对攻击和侮辱。青年大学生要自觉避免不良文化思潮的影响，坚定社会主义理想信念，提高对榜样人物和榜样精神的认可度。

（2）用行动践行榜样精神

习近平指出：广大青年要把正确的道德认知、自觉的道德养成、积极的道德实践结合起来，自觉树立和践行社会主义核心价值观，带头倡导良好社会风气。对于总书记的嘱托，大学生应该牢牢记住，脚踏实地学榜样，诚诚恳恳做实事。

一方面，大学生要积极参与校内榜样教育实践活动。高校是榜样教育的主阵地，也是大学生成长和发展的主要平台。大学生要积极响应学校的号召，用行动支持榜样的宣传教育活动；积极参加校内榜样的评选和选拔活动，促进榜样选拔机制的民主性和透明化，发扬自身的主体性作用；支持和协助学校组织的榜样宣传活动，了解榜样事迹，学习榜样精神。尤其是党员学生干部要充分发挥示范引导作用，在学习生活中坚定理想信念，关心其他学生的生活与学习，并且在他们遇到困难的时候，为其提供帮助，成为乐于助人的学生榜样。

另一方面，大学生要乐于参加社会上的榜样实践活动，自觉在生活中发扬榜样精神。大学生不仅成长在高校环境中，更扎根于社会大环境中，是社会的一员；要积极响应国家号召，参与学榜样的社会活动；积极响应国家政策，敢于到基层服务国家和人民，敢于在艰苦的环境中彰显自己的价值。大学生只有在奉献社会中才能真正实现自己的个人价值。

3. 形成尊重榜样和学习榜样的良好社会环境

（1）父母要做好榜样

要注重家庭教育。模仿是人的天性，榜样教育法依据的是人的模仿心理。家庭教育中父母要做好孩子的表率，担负起教育孩子的重任。上行下效，父母遵纪守法，孩子便不会罔顾法律；父母勤俭持家，孩子便不会铺张浪费；父母知书达礼，孩子也会文明礼貌。父母应该用实际行动对孩子进行教育，让其能够践行社会主义核心价值观，并且引导他们热爱祖国、热爱人民，弘扬中华民族传统美德。

（2）营造浓厚的校园榜样教育氛围

学校榜样教育宣传要常态化、多样化。榜样教育法在高校思想政治教育中的运用应该在日常的校园活动中就有所体现，而不是仅仅体现在思政课程上。榜样教育的各个环节应当在高校活动当中常规化。组织学生参与榜样的选拔和宣传既可以营造良好的氛围，又可以增强大学生对榜样的心理认同感和崇拜感。常态化地学习宣传榜样活动可以降低榜样教育的政治性和官方性，成为大学生自己的实践活动。榜样教育活动要打破传统自上而下的宣传模式，发挥大学生的主动性和积极性。学校还要支持思政课堂实践活动、学生会社团的课外活动，鼓励实践教学。

（3）政府要健全学习榜样的激励机制

政府首先要做好榜样正当权益的保障机制。榜样人物最基本的权益必须受到社会和群众的尊重和维护，这也是对榜样最基本的尊敬。政府要做好榜样人物的权益保障，从制度上保护榜样的正当权利，从根本上给社会大众一剂“定心药”。政府还要健全榜样行为的奖励机制，心理学家班杜拉提出的“替代强化理论”为榜样奖励机制提供了重要的理论支撑。该理论认为，模仿者会因为看到榜样受强化而受到强化。如果学习者看到榜样主体因为榜样行为而受到表彰或奖励，那么他就认为自己也会得到奖励；如果看到榜样主体因为榜样行为而受到损害，那么就会认为自己也会受到损害。政府给予榜样行为的鼓励和奖励会成为一种积极的诱因，促使社会其他成员学习榜样行为。

三、言教与身教结合方法

（一）思想政治教育的言教

亚里士多德曾说：“品质的选择既离不开理智和思考，也离不开伦理品质，因为不论是好行为还是坏行为，都是思考和习惯结合的产物。”而个体所接触或接受的理论、观点以及社会所提倡的价值标准无疑对“思考”的内容以及“思考”的结果产生重要影响。也就是说，他人及社会中的各种言教对个体采取某种行为前的“思考”有着重要影响。言教不是简单地说说话、写写字，教育者的言教必须讲究艺术。在学校教育中，有很多教师对工作尽心尽职，对学生关怀备至，可是却不是十分重视对科学的教育方法进行探寻，对学生的接受心理的研究不是很重视，注重“单向灌输”，对“精诚所至，金石为开”古训的了解存在错误，总喜欢了无休止的空洞说教、絮絮叨叨的机械重复，往往会造成相反的结果，得不到预期的教学效果，最后“苦口”欲碎，“婆心”见违，但是学生对其传授的内容毫无兴趣，置若罔闻。

（二）思想政治教育的身教

俗话说桃李不言，下自成蹊。教育者的言教固然重要，但它与身教这两者之间并不是不分伯仲的，而是身教重于言教，其主要的原因是对真理进行宣传的人对真理执行到什么程度，能够对人们对真理的相信程度起到决定性作用。身教如此重要的主要原因在于道德具有最深刻的本性，即社会契约。道德是一种社会制定或认可的关于每个人的行为应该如何的社会契约，是对每个人的行为的一种规范、限制、约束，是对每个人的某些自由和欲望的一种压抑、阻遏、侵犯。古希腊伟大的哲学家柏拉图认为人的灵魂里面有一个较好的部分和一个较坏的部分。而且“美德是一种，邪恶却无数”。所以，在人的灵魂中，占据比例最大的“欲望”必须接受“理智”的领导，这样才能实现人的正义。在思想政治教育中，倘若教育者能够身先士卒地践行道德规范，那么受教育者非常容易在情感上与之产生共鸣，想要成为遵守道德、有美德的人的道德欲望也会得到强化，因此能够克制与其冲突的其他感情及欲望，从而引发遵守道德的实际行为，乃至长年累月自觉地实行道德，最终变成一个具有美德的人。

教师的“尊严”其实就是在自己言谈举止、所作所为，被学生充分肯定的基础上树立起来的；在坚持真理，改正错误中树立起来的。一个没有学识的教师，学生轻视他，而一个品德不好的教师，学生鄙视他。在现实中，有个别教师通常在面对学生的时候，以社会公认的做人规范来教导他们，而在自己的日常工作和生活中，则以自己所信奉的做人规范做人，导致两重人格的形成。这是表里不一的表现，不仅难以让学生听其言，信其道，更会引起学生的反感。教师应该要切记自己的每一个举动都是一面镜子，要想自己的“说”具有力量，一定要“做”得好，只有行为是正当的，其言语才能够具有说服力。行为超过了语言，语言才能做到掷地有声。当然，教师的身教并不是要逐个躬行自己的“所言”，而是自己的“所行”必须符合自己的“所言”，只有语言与行为相一致，人们才有可能真正地对你信服。

（三）言教与身教的关系

身教虽然重于言教，可是这并不意味着就可以不重视言教了。思想政治教育是做人的思想的工作，当受教育者出现各种各样的思想问题时，此时，教育者必须先以言教为主要方式对其思想进行疏导和开通，使之晓之以理，克服心理障碍。所谓“人言可畏”“三人成虎”也充分说明了“言”的重要性。言教与身教两者之间既有区别又有联系，是辩证统一的关系。

区别表现为：首先，两者的含义不同，是两种不同的道德教育方法，言教重说，身教重做。其次，进行言教与进行身教时所采用的方式是不同的，根据上文叙述可以知道，言教所依赖的是真理的力量，所谓真理的力量，就是思想政治教育者所讲授的内容必须符合实际，一定要能够对客观事物的本质以及人类的本性进行体现；而身教靠的是人格的力量，所谓人格的力量，就是思想政治教育者自己一定要成为榜样，对于自己提倡的道德标准与价值观念，应该身先士卒地加以实践，通过自身的模范行动影响和感化受教育者。如孟子所说“仁言不如仁声（美好的声誉）之入人深也”，而美好的声誉主要靠人良好的道德行为去赢得。

统一表现为：首先，身教不能脱离言教，对于身教来说，言教是其内涵、纲领以及路标，而让受教育者相信其言教的内容是身教的目的。其次，言教不能脱离身教，身教是言教的释义、实践和行动，相对于言教来说，身教更加具体、生动、形象，甚至身教是对言教最生动、最逼真、最权威的解释，是一种无声的命令。

俗话说“运用之妙存乎于心”，掌握科学的方法对提高效果、达成目标起着至关重要的作用。言教与身教作为思想政治教育的重要方法，如果能够运用得好，可以实现预期目标，提高受教育者的道德水平，如果运用得不好，不仅难以实现其目标，还会适得其反，产生负面作用和消极后果。所以教育者不仅应该做到言之有理，而且应该做到反躬自身，身体力行。在思想政治教育中也是同样，每一个受教育者对教育者也是要听其言，观其行的，只有教育者自己首先做到言行合一，受教育者才会信其言，从其道，从而内化为各种优良道德，做一个有美德的人。

（四）言教与身教有效结合的途径

教育者要做到言教与身教有效结合，必须做到以下两点。

首先，教育者必须努力使自己成为学习和实践马克思主义，宣传和贯彻党的路线、方针、政策的模范。努力学习党的路线、方针以及政策，对其进行宣传，并且要身体力行，是教育者党性原则的表现，也是一项基本的工作职责。所以，教育者必须处处为群众利益着想，时刻保持与人民群众的血肉联系，同任何破坏党的路线、方针、政策的行为作斗争，同时，还要用党的路线、方针、政策教育群众，使之变为群众的自觉行动。

其次，教育者还必须严以律己，在社会生活的各个方面起表率作用。作为党员领导干部和思想教育工作者，必须要牢牢树立为人民服务的根本宗旨，牢固树立正确的人生观、世界观、价值观，坚定理想信念，做对党忠诚、让人民信服的言行一致且高尚的“榜样”。榜样的力量是无穷的，党的干部和思想教育工作者以身作则，对实现党风和整个社会的好转具有决定的意义。如果我们的干部和思想教育工作者在生产、工作、学习中处处当模范，事事作表率，这就是无声的命令，群众就会跟着学，就会带出好的风气。所以，不论是端正党风也好，进行思想教育也好，领导干部和思想教育工作者都必须以身作则，成为群众的表率。身教在先，言教才会更具有信服力，言教与身教有效结合才能达到预期的教育效果。

第五章　高校辅导员思想政治教育工作探析

新时期，高校辅导员要进行大学生思想政治教育工作的创新，必须对自身工作职责与重点做到明确，辅导员要不断创新思想政治教育理念，采取多种创新方式，改进教育方法和手段，不断地实践研究并将教育工作与其创新性相结合，以提升教育效果，并使大学生树立正确的价值观。本章分为高校辅导员的角色定位、高校辅导员的核心素质、高校辅导员思想政治教育工作创新研究三部分，主要内容包括高校辅导员角色相关概念界定、新时期高校辅导员的角色定位、高校辅导员角色定位存在的问题、影响高校辅导员角色定位的原因分析等方面。

第一节　高校辅导员的角色定位

一、高校辅导员角色相关概念界定

（一）角色相关概念的界定

1. 角色

在戏剧的舞台上，根据戏剧规则进行行为表演的特定人选被称为“角色”。美国著名社会学家乔治·米德将这一词引用到了社会学中，并结合社会学理论给予了合理的社会学角度解释：当社会人在扮演某一特定的社会角色时，产生了符合这一角色的行为举止，并使这些行为举止作为其专属的社会行为规范和行为模式；即使日后角色扮演的主角人物消失了，这一角色是仍然存在的，因为其行为举止已经对社会产生了一定的影响，且不可被替代。在米德做出合理解释后，角色这一词被引入在各个社会领域里。

我国学者郑杭生认为，社会地位是社会角色的象征，且能够凸显与其身份相匹配的权利和义务的规范和行为模式。学者李铮认为，社会每一个角色都拥有来自同一领域内与之产生互动的人群的角色期待，在这一领域内，角色会拥有与之行为所匹配的社会身份和社会地位，并具有相对应的权利去履行其社会职责。

由此可见，对于“角色”一词在不同的环境领域有不同的解释和定义。从以上学者对“角色”一词的解释来看，“角色”是由指定的环境所产生的一种必然的、特殊的社会个体或群体，拥有能够彰显其独特之处的地位。这一个体或群体角色在进行角色扮演的过程中会产生一系列的行为表现且对社会发展带来一定的影响，并且社会对这一个体有着专属的角色期待。

2. 角色定位

角色定位是指在特定的环境下，相对于其他互动角色，拥有专属于自己的且无法被替代的定位，这种定位往往与角色特征、角色行为和角色期望有着密不可分的关系。角色定位会受到社会环境和时间环境等因素的影响而发生变化。

3. 角色行为

角色行为是在角色进行角色扮演时所产生的特定的行为，这种行为可能会有利于塑造人物良好的角色形象，也有可能会改变其所处环境，当然也会存在破坏其角色形象的可能。角色会在进行角色扮演的过程中因环境的变换而产生其相对应的角色行为，主要是受到主观意识的影响。只有在人们认同并确定承担特定的社会角色时，他们才能进行与这一角色相关的特定的角色行为，但如果角色遇到突发状况时，角色也会做出相应的变化反应。

所以，只有通过对指定角色在进行角色扮演时所产生的一系列相对应的具体行为过程，才能被人们称为角色行为，且这些角色行为才会有与之相对应的具体意义。综上，角色行为主要指的是社会中的各类角色在指定的环境氛围内在进行角色扮演时所产生的特殊的行为过程。

4. 角色期望

林崇德教授认为，角色期望是某个个体角色或某类群体角色对某一指定角色的扮演及行为所产生的期望，它主要起到了连接社会结构与社会角色的作用。角色期望主要是通过角色及其角色行为给人们带来的主观认知所产生的主观意识期望。人们也会通过角色期望判断其角色行为是否符合这一角色的身份和地位。人们会根据社会角色所拥有的社会地位、权利、责任和义务来决定对这一社会角色的角色期待。角色期待往往会在对角色行为进行规范时产生，并提出符合其角色行为的相对应的要求。在日常生活中，人们会根据角色期待来掌控自己的行为，依据角色期望对他人的行为进行预测和评价。辅导员作为一种社会角色也要面临社会的期望，这是辅导员进行角色扮演的必经之路。

（二）高校辅导员及其角色的内涵

1. 高校辅导员

辅导，字面上的意思是帮助和指导。那么辅导员，是指对学生进行辅助性帮助和正确指导的校内工作人员。大学辅导员的早期称谓是“政治辅导员”。

辅导员这一概念，看似非常简单，大家都认为自己对辅导员有所了解，但其实对辅导员的深入认知十分模糊，主要是因为其日常行为和工作职责的繁杂，让人难以对辅导员有清晰明确的认识并给予其专属的定义。辅导员在高校中要从事和学生相关的日常工作，包括生活、学习、心理辅导、评优评奖、就业创业指导等，有的辅导员还会承担部分教学工作。在高校中辅导员的工作性质还存在着专职和兼职之分，专职辅导员是指专门从事学生管理事务及思想政治引导工作的辅导员；而兼职辅导员多数是因为学院内人手不够，为了辅助专职辅导员工作的研究生或课时较少的在职教师。本文所研究的辅导员是指普通高等学校中全日制本科的专任辅导员。

2. 高校辅导员角色

在社会学角色理论中，社会上的每个人都扮演着各自不同的角色。而每个社会角色与其他社会角色所产生的联系形成了社会关系。社会角色的产生主要是为了满足社会的需要，而产生的角色也会随着社会的变化不断地丰富自己的角色形象。

结合对角色和高校辅导员的概念界定，高校辅导员角色是指在高校从事辅导员工作时所呈现出的满足角色期待的行为模式。社会其他角色对高校辅导员角色有着专属的角色期待，且高校辅导员角色拥有着代表这一个体的身份与地位，行使其相应的权利和义务。

3. 高校辅导员角色的内涵

中华人民共和国教育部于 2017 年 9 月颁布了第 43 号文件《普通高等学校辅导员队伍建设规定》，在此文件中，清楚地指出，辅导员是高校的骨干，他们的主要角色行为是组织、实施、指导大学生的日常学习和生活，努力与学生成为知心朋友，同时也成为其人生导师。

由此可见，高校辅导员这一角色在高校乃至高等教育领域中扮演着无法替代的重要角色。相比其他在校教职工人员，高校辅导员的工作职能有很多，最为核心的就是促进学生全面发展，其在高校众多角色中拥有独特的身份和地位。此外，还包含来自社会各类角色对辅导员的角色期待，如社会群众、学校高层和在校学生对辅导员的角色期待，高校辅导员对自己的角色期待，以及所应有的角色行为的认知等。从高校辅导员角色的发展历程来看，辅导员在高校中所扮演的主要角色就是高校的思想政治教育指导者。但随着社会需求的改变以及高等教育的迅猛发展，辅导员的工作范围在不断地外延、扩大，辅导员角色的内涵也变得更加丰富。从最初具有鲜明的政治性演化到现在同时具有政治性、教育性和服务性。在中国整体的社会环境和高等教育大环境日益变得复杂多样化的宏观背景下，高校大学生的思想和个性也变得大不相同，这就导致传统的辅导员工作职责和方式已经无法使当代社会及大学生的需求被满足。为了能充分发挥核心职能，高校辅导员应从最基本的思想政治引导者角色转换为能够适应当下大学生的发展，与教育、管理、服务相结合的多元化角色。

二、新时期高校辅导员的角色定位

对高校辅导员而言，其进行角色合理定位就要正确认知自己在高校教育体系中所处的位置和应该发挥的作用。高校辅导员角色定位模型如图 5-1 所示。

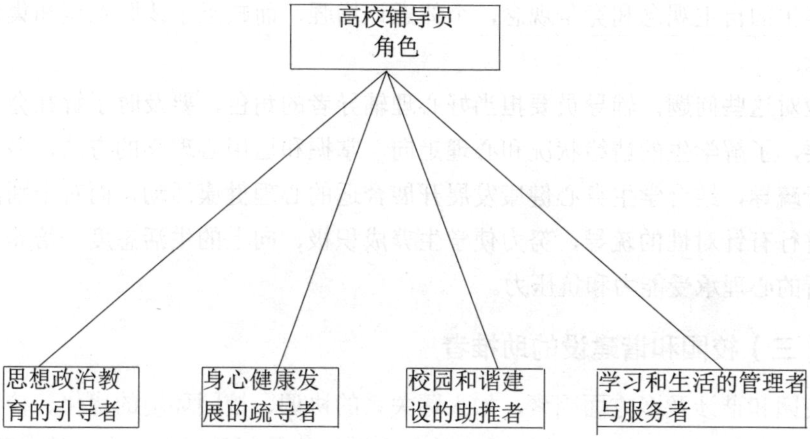

图 5-1　高校辅导员角色定位模型

（一）思想政治教育的引导者

高校辅导员是开展大学生思想政治教育的重要力量，承担着大量第一线的思想政治工作，是其核心职能的履行，是这个角色自诞生起就肩负的使命。目前，我国高等教育呈现大众化趋势，在校大学生的数量逐年增加，大学生是非常宝贵的人才资源，他们的思想道德、科学文化素质与我国现代化的建设和发展息息相关。所以，在对高校思想政治教育的指引上，辅导员肩负着重要的职责和使命。

（二）身心健康发展的疏导者

大学生涯是青年人社会化的重要阶段，而辅导员又是经常与学生接触的教师，对学生的成长有着潜移默化的影响，因此对学生的疏导是辅导员角色扮演的客观要求。

步入大学阶段，学生心理和生理发展走向成熟，在这一时期他们开始从心理上摆脱对家长的过多依赖，自主意识逐渐增强，心理变化比较激烈，情绪不稳定，易产生矛盾。随着社会生活节奏加快，以及生存发展空间竞争激烈，部分大学生在社会认知、生活、学习、人际交往以及就业方面存在不同程度的心理压力，严重者导致心理疾病，对自身和社会造成许多不良后果。尤其是作为新生力量的90、00一代，大多为独生子女，受家庭环境的影响，他们个性张扬，善于表现自我，但独立生活能力相对较弱，自我意识较强，抗压抗挫折能力不足，看事容易片面和极端，容易产生心理问题。又由于市场经济的刺激，强化了大学生的自主观念和竞争观念，个体意识增强，而缺乏了团队意识和集体主义观念。

应对这些问题，辅导员要担当好心理辅导者的角色，要及时了解社会发展的需要，了解学生的情绪状况和心理走向，掌握和运用心理学的方法，多对学生进行疏导，结合学生身心健康发展开展合适的心理健康活动，而对个别问题又要进行有针对性的疏导，努力使学生养成积极、向上的生活态度，培养其面对挫折的心理承受能力和抗压力。

（三）校园和谐建设的助推者

校园和谐涉及多方面因素，如人际关系的协调、校园环境的优化、校园文化的建设和校园危机的处理等问题。构建和谐校园是彰显以人为本的教育理念，培养高素质人才的迫切需要。

通过对学生日常生活的服务和管理，引导学生参加各类社团和社会实践活动、组织开展寝室文化活动，既丰富了学生的业余文化生活，使他们调整了知识结构，又陶冶了道德情操，提高了思想水平，这些活动也极大地促进了校园文化建设。在开展日常安全教育，增强学生的危机意识和政治敏锐性，预防和处理校园突发事件等方面，辅导员也是责任重大的。学生在校一旦发生问题，首先想到的就是向与学生日常生活紧密联系的辅导员寻求帮助。面对突发情况，辅导员往往第一时间了解信息，此时，辅导员对事件的最初反应、把握和初期处理手段可以说将直接影响到问题能否最终圆满解决。校园突发事件的善后心理干预工作也很重要，辅导员应该及时开展系统的疏导性工作，帮助学生稳定情绪，从而面对已经发生的现实。

（四）学习和生活的管理者与服务者

学习和生活的管理者与服务者是指辅导员在学生日常生活、学习等方面负有职责，比如在具体课程和学习方法的选择、日常生活的安排，以及考勤、评优、学籍户口管理、请假等方面负有职责，目的在于方便学生学习和生活。

现今大学生绝大多数都是独生子女，不论生活在城市或农村，都曾长时间地生活在学校和家长的呵护下，比较缺乏自治能力，独立性不强，因此需要更多的帮助和关心。大学以自主学习为主，良好的学习态度和学习方法对于大学生的成才至关重要。在大学里大学生要学习的课程有很多，包括专业课程、选修课程和公共课程，还有各式各样的社团和职业能力培训组织，大学生可广泛选择，不容易取舍。大学的生活环境比较宽松和自由，很多学生自控能力不强，容易发生诸如旷课、熬夜等现象，对学生的身心健康造成损害。所以，辅导员在学习和生活上要对学生进行适当的管理和服务。

三、高校辅导员角色定位存在的问题

辅导员肩负着教育、管理、服务等多方面职责，但实际工作中，辅导员所要做的远不是这几方面所能概括的。在高校中人们基本形成了思维定式，凡是涉及学生日常事务的，都应该是辅导员分内的事。

（一）辅导员的角色不清

所谓角色不清是指社会大众或角色的扮演者不清楚某一角色的行为标准，不知道这一角色应该做什么、不应该做什么和怎样去做。

辅导员担负着学生思想道德等方面的教育职责，工作在学生思想政治教育第一线，其工作内容是高校学生德育的组成部分。在个别访谈中，几位辅导员纷纷表示，他们在实际工作中担任的相关课程非常少，本该负责这门课程的教师因事缺席，才会轮到辅导员暂时代理，而问题是人们普遍认同只有担任了课程教学任务的人员才被称为教师，所以辅导员经常被排除在教师队伍之外。辅导员教师的身份很容易被忽视，很容易让人觉得辅导员只是管理学生和处理日常琐碎事务的行政人员。辅导员管理学生的各项事务，如主抓课程安排、上课出勤、寝室卫生和组织各种活动等，辅导员与学生之间的关系被理解为管理与被管理。正是由于辅导员职责覆盖范围含糊，日常学生事务琐碎，工作重点难以突出，而且处于受多个部门管理和监督的学校管理机构最底层，辅导员很难获得专职教师一样的尊重，其教师身份时常被忽视成为不争的事实。辅导员本人容易被沦为学校的边缘人物，不容易得到社会、学校和学生的认同。辅导员岗位更容易被认为是不具有专业性，而是具有很强的替代性的职位。

由于辅导员日常事务繁重和这种角色定位的不清晰，辅导员的本职工作不能很好地发挥和展现，陷入了两种困境。一方面，学生日常事务和管理工作繁重，都不分职责地落到了他们身上，不得不处理；另一方面，处理这些事务要花费大量时间和精力，有悖于对学生进行思想政治的教育引导、心理上的辅导、职业生涯规划和就业等方面的指导，尽管做了很多工作，但是在心理上与学生处于一种游离状态，很难真正走进学生心里，成为知心朋友，导致辅导员实际工作量与工作效果的不平衡，工作效率低。这种在学校中的角色定位不清，还容易导致辅导员对未来职业发展不明确，职业发展信心和动力不足，造成很多辅导员在心理上缺少归属感和成就感，不利于高校学生事务工作的顺利开展。

（二）辅导员的角色冲突

1. 角色间冲突

对学生进行理论教育，辅导员要扮演教师角色，要求辅导员具备较高的理论素质和较扎实的教学基本功；对学生进行职业规划和就业指导，辅导员就成了就业市场的开拓者，要能够分析市场和就业形势；而扮演校园和谐建设者角色，要求辅导员具备良好的危机干预能力。作为思想政治教育者和心理健康疏导者，辅导员必须打入学生内部，成为他们的知心朋友，获得学生的亲近和信赖；而作为学校学院相关规定条例的传达者和强制性制度的管理者，辅导员又必须具备相应的威严，还难免会引起一些学生的抵触和反感情绪。以上这些职责都是辅导员要亲力亲为的，而且是要必须做好的工作。就辅导员个人而言，多种角色于一身，多种职责要尽职，这难免使辅导员感到应接不暇，苦于应对，容易产生角色间冲突。

2. 角色内冲突

辅导员扮演着多重角色，也背负着不同人群的角色期望，是社会、学校、家庭之间的纽带，也是上级、教师、学生和家长之间的桥梁。对于国家而言，希望辅导员成为思想政治教育的引导者，提高学生的思想觉悟；对于学校而言，希望辅导员成为学生的良师益友，学校相关政策的良好传达者和执行者；对于学生家长而言，希望辅导员关心和负责离家学生的生活和学习；对于学生而言，希望辅导员不是管理者，而是知心朋友，能够给他们提供及时的帮助和指点。

可以看出，辅导员在高校工作中处于节点位置，一旦出现冲突时，辅导员往往进退维谷，既要及时完成上级下达的任务，又要考虑学生的情绪和意见，在这个节点上要寻求平衡，处理不当就很可能使自身威信下降。辅导员作为高校教师的重要组成部分，渴望受到社会的良好评价和认可，渴望受到任课教师同样的待遇和尊重。辅导员对个人发展空间和职业长远规划、科研和培训也有要求，而这些要求事与愿违，则往往容易引起角色冲突。

此外，辅导员自身性格和价值取向等自身局限可能会引起角色冲突。处理大量的学生工作和负责上下级信息的传达，这要求辅导员具有良好的交际能力和开朗的性格，更要具备较强的心理承受能力。面对日益变化的各种观念，辅导员如果不能及时转变观念，对新旧观念进行调适，很可能在工作中陷入角色冲突之中。

3. 问题产生的影响

（1）职业认同程度低，队伍不稳定

在一些高校教师和学生眼中，辅导员队伍太年轻，流动又太快，不承担教学和科研任务，只是辅助专职教师授课和管理学生、维护校园秩序的人员。就连辅导员自身的职业认同感也不是很高。

（2）角色模糊、职责不明，影响工作顺利开展

面对不同的角色期望，同时又要在工作中进行不同角色间的实时转换，辅导员很容易对某一岗位应该扮演的角色出现判断困难或失误，到底该干什么或是不该干什么界限不清楚，感到无所适从。

从理论上来说，辅导员主要负责学生在思想、学习、生活和就业等方面的指导、服务与管理。但从辅导员实际担任的工作来看，许多非本职的工作都落在了他们的身上。因为辅导员往往隶属于某个院系，当院系出现工作任务量大，人手不足时，辅导员就被拉来承担教务工作或是教学工作。

（3）辅导员自信心和工作积极性受到影响

辅导员的职责中不乏一些专业要求很强的工作，而辅导员，尤其是新上岗缺乏经验的辅导员不可能是面面俱到的，任何一方面知识和能力的欠缺都可能会影响到工作的顺利进行。遇到这样的情况时，辅导员可能会感到自信心受挫，情绪低落，同时工作的积极性也会降低。

另外，辅导员工作任务重，要求高，压力大，但在待遇和晋升空间上，却没有收到相应的回报。辅导员在工作上，一是负责学生思想政治教育等工作，二是从事日常学生和院系的事务性工作。一方面时间被大量占用，另一方面也缺少进行科研的机会。这样就造成辅导员在与从事专业教学或科研的教师相比时，在评职称上处于相对的弱势。然而高校职称与个人工资、补助、津贴以及各种福利都息息相关。与任课教师相比，辅导员没有课时费，缺少培训机会，缺少职称等，进而从客观上降低了辅导员的待遇。这种不平等工作和待遇反差，会极大地影响辅导员的工作积极性，挫伤辅导员的进取心。

四、影响高校辅导员角色定位的原因分析

（一）影响高校辅导员角色定位的社会因素

1.社会宏观环境新变化带来的挑战

任何事物的发展都离不开它所处的社会和时代大背景，因此，辅导员角色的扮演客观上受到社会宏观环境变化的影响和制约。当今的时代是一个快速发展的时代，是一个社会急剧变革的时代。社会主义市场经济体制的不断发展，推动着我国政治、经济和文化等迅猛发展，也给人们的生活方式、思想观念等带来了深刻变化，使得社会价值发生了急剧变化。市场经济带来的经济性、效益性和竞争性以及自主性等影响，潜移默化地影响着每一个社会成员的观念和行为，必然也对辅导员的思想观念和价值取向造成深刻影响。这些影响一方面有利于辅导员开阔眼界，有利于激发起个人发展动机和成就欲望，但也有负面影响。过分看重个体性、自主性和竞争性，容易产生急功近利和个人主义倾向，容易导致辅导员角色行为不当和对角色认知模糊。

辅导员作为高校教师的组成部分，担负着思想等方面的教育和引导职责，具有较强的道德行为示范性，社会和学校等都对其赋予了较高的不同的期望。因此，在实际工作和生活中辅导员往往面临着新旧价值观念及时转变的问题考

验，如若不能及时地进行心理调适，就可能陷入心理上的冲突和压抑，进而导致所扮演角色的冲突和混乱。

生活在社会转型时代的大学生，他们在思想、个性和行为特征等方面，无不深深地打上了时代的烙印。伴随着改革开放和全球化成长起来的一代，他们学习世界先进文化和文明成果的同时，也容易受到西方腐朽思想和不良生活方式的影响。受到个人阅历和思想水平等限制，导致大学生在思想觉悟和消费观念上容易被误导，产生个人主义、享乐主义、自由主义等倾向。

另外，高校扩招问题、独生子女增加问题、就业问题等及其衍生问题的出现，也是影响辅导员角色定位的重要因素。高校扩招与高等教育大众化时代的到来，有利于提高我国整体文化素质水平，但也带来了不少问题和挑战。诸如生源质量下降，这是无可争论的事实。毕业生持续增加，就业难成了现实的问题，这也是引发大学生心理问题的原因之一。随着高校规模不断扩大，人数持续增加，所牵涉的问题也越来越多，上万甚至数万有着不同家庭背景、教育需要、思想水平的学生集结在校园里，给高校的管理带来了许多困难和挑战，这也使得辅导员角色外延不断被深化，其工作任务在量上和难度上都有所增加。

2. 学生工作转型和深化带来的挑战

我国高校辅导员的工作内容和主要职责与高校学生工作的内容是一致的，并随着教育改革的不断深入和学生工作的转型而发生变化与转换。其传统核心任务始终是加强对学生思想政治教育的引导。社会环境的变化，促进了高等教育的不断推进，同时对高校学生工作的转型和深化也提出了新要求，这使辅导员的角色扮演面临新的挑战。

辅导员制度建立之初，其工作主要集中在学生思想政治教育的引导和日常管理事务方面。但是随着我国市场经济的不断发展，以及素质教育的全面推进，学生面临的问题层出不穷。学生压力大，心理问题凸显，要求加强学生的心理疏导；西方不良思想观念涌入校园，影响校园和谐氛围，要求加强校园文化建设；高校扩招，自主择业政策的实施，造成就业压力大，要求及时对学生进行职业生涯规划和就业指导；互联网的普及，虚拟空间里大量信息充斥，要求对学生进行思想教育的网络延伸……可见，辅导员的工作早已不再局限于思想政治教育，多重角色的扮演考验着辅导员的各种能力和素质。学生工作的转型和深化，使辅导员的工作内容不断拓展。

辅导员既是干部，又是教师，赋予这种双重身份是对辅导员队伍发展的一种关照性制度安排，给辅导员的发展提供了政策性倾斜。但是这种双重身份，也导致了对辅导员角色期望过多，既有来自作为教师的角色期望，也有作为干部的角色期望，使辅导员扮演的角色更加复杂化，这种高期望是对辅导员的激励，但同时也容易导致辅导员出现角色冲突和工作压力。

（二）影响高校辅导员角色定位的制度因素

1. 辅导员管理机制不顺畅

在一些高校中或多或少存在着辅导员管理机制不够顺畅的情况，大多处于校、院两级管理，归属不清楚的状态。无论哪个部门基本都可以指挥辅导员。辅导员的日常安排，比如考核、检查等工作由校学生处、团委和院里管理，人事任免、福利编制等由党委组织部和人事处负责。在这种多头管理的机制中，辅导员要肩负学校委派的任务，又要处理院里的学生事务，导致辅导员扮演的角色过多，岗位职责过于繁重，在承担许多工作任务的同时，还面对着不同的行为规范，面临着来自各个方面的压力和监督。管理机制的不顺畅衍生出岗位职责的不明确，工作内容的复杂，使辅导员角色难以定位，不利于辅导员角色的实际践行。倘若遇到紧急情况或人手不足，辅导员最先被想到，变得异常忙碌，但遇到培训和进修等机会的时候，往往又无人问津。

一直以来，我国对辅导员的角色定位主要分为两个方面，一个是行政人员，另一个是教师。也就是说，辅导员的出路和职业发展方向基本就两种，一种是努力向党政工作或行政管理工作靠拢，等待晋升提拔；一种是专心于相关学科的教学研究，等待机会争取成为真正的专业教师。

2. 高校对辅导员队伍建设重视程度不够

部分高校不够重视辅导员队伍建设的重要性，这在很大程度上对辅导员职能的发挥和角色的良好定位产生了影响。在实际工作中，更多地把科研和教学作为工作重心，把经济效益和学术成果摆在突出位置，而忽视了高校辅导员的思想政治教育作用，或是只把其看作附庸职能。

在实际工作中这种不重视表现为几种情况。

（1）人员配备不平衡

虽然教育部统一规定高校一线辅导员的配备比例是不低于 1 ∶ 200，但现实中很多高校达不到这个比例，调查的几所高校辅导员和学生的比例为 1 ∶ 300 或 1 ∶ 350，甚至更低。辅导员在学校编制上得不到保障，有些学校还存在以兼职代替专职辅导员的现象，不仅影响辅导员队伍建设，而且也影响其自身发展。

（2）结构不合理

近年来，辅导员的学历层次较以往有所提高，硕士生和博士生也加入了辅导员队伍，为辅导员队伍注入了生机与活力，但辅导员学缘结构问题突出，一些学校在选聘辅导员时主要强调辅导员是否是中共党员，是否是硕博学历，而其实际所学专业被放到次要位置。尤其是一些理工科专业毕业的辅导员未经过专门的职业培训，缺少教育学、心理学、社会学和管理学等相关知识，缺少管理学生的技能。

（三）影响高校辅导员角色定位的个体因素

1. 辅导员自身的性格因素

性格是指人对现实的态度和习惯化了的行为方式中表现出来的较稳定的有核心意义的个性心理特征，是一种与社会相关最密切的人格特征。人与人之间的差异主要表现在性格的迥异上。每一种职业对从事人群的性格都有一定的要求，只有具备该职业所要求的性格特征才能更好地适应这一职业工作。选择职业时，充分考虑自身性格特征与职业特点，实现性格与职业的匹配，有利于更好地发挥个人才能和优势，这在职业心理学和人力资源等领域早已成为无可争议的事实。

辅导员作为一种职业，对从业人员的性格具有特殊要求。作为教育工作者，经常和学生接触，从事学生事务的教育和管理工作，其言行对学生性格的形成和发展具有潜移默化的影响。作为行政管理人员，经常与上下级打交道，负责传达和执行上下级的任务。正是由于辅导员在高校中起到教育引导、监督管理、桥梁纽带和榜样示范等作用，要求辅导员要具备积极、健康的心态和开朗、乐观的性格。辅导员工作是一项爱心与责任心共融的事业，教育不能缺少爱，所以是否具有较强的事业心和责任感，是否具有开朗而稳重等性格，是辅导员在入门时应该慎重考虑的。

2. 辅导员对自身角色认知的偏差

辅导员对自身角色的认知，主要是指辅导员对自身角色地位、相应角色行为规范及其角色实践的认识、理解、体验和自觉。辅导员集教育、管理和服务于一身，不同于专业教师，也不同于一般行政管理人员。在个别访谈中发现，不少辅导员都把自己的角色定位为行政管理人员，而在实际工作中辅导员扮演着多重角色。面对多方面的要求和角色期望，一些辅导员忽视了思想政治教育引导者这个本职角色，出现不同程度上的对自身角色认知的偏差，造成以行政工作为主，工作重心偏离等现象。

同时，辅导员对自身角色的认知往往受自我判断和自我评价的影响。而高校教师主要是通过社会评价、自我分析和社会比较进行自我评价的。所以，高校辅导员对自身职业角色的评价和认知主要来源于社会、学校和学生对辅导员这一角色的评价和认知。

一直以来，社会和学校等对辅导员认知和评价等方面存在不合理认识，致使一些辅导员对自身角色的评价不是很理想，职业认同度不高。一些辅导员选择本职业并不是因为自身职业兴趣，而是考虑到其他诸多原因，把辅导员岗位定位为读研的捷径，进入学校管理层的踏板或是成为专业教师的曲线方式等。这些自我认知的偏差，容易造成社会等方面对辅导员职业认同度的降低，不利于辅导员专业水平的提升，更不利于辅导员队伍的专业化发展。

3. 辅导员自身专业素养和专业技能有待提升

从职责和工作内容的角度考虑，辅导员工作是高度的专业性和综合性的统一，要求辅导员应具备较强的工作能力，这是辅导员角色本身对角色扮演者的客观要求。但是由于辅导员工作内容宽泛，工作量大，既要负责学生日常事务的教育和管理，还要负责行政职责，多种角色于一身，使得辅导员在忙碌之外，没有多余的时间和精力进行及时学习来提高个人专业素质和能力水平。加之很多学校对辅导员队伍建设的不重视，缺少必要的辅导员专业技能培训，在辅导员职业准入和职业规范方面管理松懈，引入不少未达到职业要求的人员，势必造成一些辅导员专业技能水平不高，业务知识欠缺和知识更新不及时等问题，致使不少辅导员缺少对学生进行教育引导和事务管理的技能和知识储备。部分辅导员面对工作的新形势和新问题缺乏相应的新手段、新办法，容易引起处理事务时的不适应和手忙脚乱，不利于工作的顺利开展，甚至给角色扮演带来冲突，这是影响辅导员角色合理定位的重要因素之一。

五、对高校辅导员角色定位的建议

高校辅导员的工作对象是高校的学生，其角色定位应将学生的期望作为标准。有调查显示，学生最希望的辅导员角色排名依次是“学生问题的解惑者”“学校和学生的沟通者”“了解学生的观察者”“学生的榜样”“学生发展的引领者”“心理问题的咨询者”“学生生活的关怀者”“学生工作的管理者”和“学生学习的指导者”。

因此，新形势下高校辅导员的角色定位应注意以下几点。

（一）坚持把思想教育者角色摆在首位

调查结果显示，高校辅导员的角色定位虽然丰富，但学生最希望辅导员是“学生问题的解惑者”。因此，高校辅导员首先应扮演好这一角色。面对学生在学习和生活方面的问题，辅导员要积极帮助学生解决问题；面对复杂的国际局势，学生容易受到不良思想的影响，辅导员应对学生的思想加以引导，提高学生的思想政治素养，明确自身的岗位职责，明确自身的思想政治教育者的身份。

（二）逐步降低管理者角色的显要位置

调查结果显示，学生最不希望辅导员扮演“学生工作的管理者”这一角色。辅导员的角色定位虽然要将学生的意愿作为依据，但不能完全遵循学生的意愿。因此，高校的辅导员要逐步淡化其“学生工作的管理者”这一角色。辅导员作为学生工作的管理者应适应教育环境的变化，转变自身角色，由学生工作的管理者逐步转为学生工作的服务者，以便更高质量地完成学生工作。此外，辅导员要逐步降低管理者在其角色组合中的显要位置，改善自己与学生之间的关系，与学生平等相处，提高自身的亲和力。

（三）突出教育、管理、服务三位一体

新中国成立初期，学生工作的主要任务是对学生进行思想政治教育与辅导。改革开放以后，学生工作日益复杂，辅导员在复杂的学生工作中主要发挥管理者的作用。自 20 世纪 90 年代中期以来，教学观念和教学模式不断进步和发展，辅导员在学生工作中主要扮演服务者的角色。

辅导员的角色虽然历经了教育者、管理者和服务者的转变过程，但在转变过程中，辅导员的角色不是后者取代前者的过程，而是角色复合的过程。辅导员作为学生思想政治的教育者，要借助学生活动、社会实践等活动提高学生的思想道德素质。辅导员作为学生工作的管理者，主要负责认真执行学校的规章制度，引导学生的行为向符合社会规范的方向发展。辅导员作为学生工作的服务者，主要负责解决学生在学习和生活方面的问题，满足学生成长成才的合理需求。辅导员的教育者角色、管理者角色和服务者角色这三种角色的工作内容是相互联系的，并且能够相互促进。

在开展学生工作的过程中，辅导员要同时扮演这三种角色。其中，教育者是主体性角色。要做好学生工作，辅导员要将这三种角色统一起来。

（四）扮演在学校与学生之间沟通协调的角色

调查结果显示，学生非常希望辅导员扮演“学校和学生的沟通者”的角色。辅导员应重视学生的这一意愿，扮演好“学校和学生的沟通者”的角色。在高校中，辅导员需要处理学校与学生的关系，但在实际的处理过程中往往遇到困难。辅导员在落实学校的工作时可能会使学生的利益受损，降低自己在学生中的影响力。

面对这一问题，辅导员应正确认识学生和学校之间的关系。从本质上讲，学校的利益与学生的利益是一致的，辅导员在处理二者之间的关系时应秉持实事求是的原则。辅导员需要让学生了解学校的现实处境，也要向学校转达学生的实际困难和实际需求，使双方对问题的复杂性有全面的认识，最终促使学校的工作得到落实。

（五）加强思想政治工作队伍内部的分工与协作

辅导员是高校思想政治工作队伍的一个重要组成部分。为提高学生的思想道德素质，使学生全面发展，辅导员要与学校教师、学生主管部门、思想政治理论课教师、学生就业指导教师、学校心理咨询中心专业人员相互配合，共同完成学生的思想政治教育工作。

大学生与辅导员的接触最为频繁，对辅导员的需求最多、期望最高。这使得辅导员的工作更加复杂和困难。由于辅导员的时间和能力有局限性，所以要加强思想政治工作队伍内部分工与协作。一方面，高校的各个学院和各个专业可以建立社团，这样能够更大程度地满足学生发展的需求；另一方面，可以采取辅导员与其他思想教育工作者或社会工作人员分工协作的方式来满足多样化、专业化的需求。例如，高校辅导员可以与学校的就业指导教师合作，更好地帮助学生制定职业生涯规划。

六、新时代高校辅导员角色建构的出路

（一）组织在个体角色建构中的策略

在角色建构中，组织需要定义角色的合法性、分配角色并对角色进行评估。在辅导员的角色建构中，组织可看作教育行政主管部门和高校，教育行政主管部门定义辅导员的角色期望、提供辅导员职业发展的支持，高校分配辅导员角色并对角色实践情况进行评估。在辅导员的角色建构中，组织需要采取减少辅导员角色期望的多样性、提高辅导员角色领悟的充分性、减轻辅导员角色实践

的繁重性、帮助辅导员有效构建自我角色等措施促使新时代高校辅导员进行角色建构。

1. 减少辅导员角色期望的多样性

辅导员的角色期望是因时而进、因势而新的，新时代辅导员的角色期望具有发展性、多样性和冲突性的特点。在新时代高校辅导员的角色集中，包含9个不同领域的角色，这些角色包含了“事务性工作者”“理论和实践研究者”“教师”“朋友”等性质不同的角色。“事务性工作者”需要个体耗费大量的时间和精力，重复性极强，而“理论和实践研究者”需要个体静心于理论研究，要求个体富有创造性，两个角色对其扮演者的要求相差甚远，因此辅导员在扮演“事务性工作者”角色的同时难以再扮演好“理论和实践研究者”的角色。“教师”为人师表，需要具备一定的理论知识和丰富的实践能力，为学生传道授业解惑，是师者和长辈，而“朋友”是建立在双方平等基础上的身份，要求双方有一定的相似性，是伙伴和同辈。

因此，辅导员在扮演着“教师”角色的同时难以再扮演好“朋友”的角色。新时代高校辅导员角色的发展性导致其角色集的多样性，而角色集的多样性又导致了其角色的内在冲突性，但在国家和社会所赋予辅导员的角色期望不能改变的情况下，配置班主任和辅导员助理来承担部分角色，是减少辅导员角色期望多样性的另一种途径。班主任和辅导员助理可以扮演学生日常事务管理者的角色，协助其开展入学教育、毕业生教育、勤工俭学活动及相关管理和服务工作，协助其处理军事训练、各类奖学金、助学金、助学贷款的事宜，为学生提供生活指导等。

2. 提高辅导员角色领悟的充分性

从新时代高校辅导员角色领悟的现状的分析可知，辅导员并不完全认同自身角色，其中，思想理论教育和价值引领者的角色领悟程度最高，比率接近1，理论和实践研究者角色领悟程度最低，有23.6%的辅导员不认同此角色。辅导员的角色领悟会决定其角色实践，虽然现实情况会使两者存在偏差，但个体还是会在实践过程中努力扮演好自己认为应该扮演的角色。从对优秀辅导员的访谈资料中可知，他们完全认同自我角色，角色领悟水平很高，他们会在完成自己工作的基础上专研1到2个角色领域，同时能坚持工作中的理论研究。要致力于提高辅导员角色领悟的充分性，就需要结合被访谈辅导员的职业成长环境、成长路径以及外部支持的需求来进行分析。因此，推动思想政治教育学科建设，加大辅导员专门人才的培养力度；建立职业准入制度，把好辅导员的入口关是组织提高辅导员角色领悟能力的有效策略。

（1）推动思想政治教育学科建设，加大辅导员专门人才的培养力度

和国外的大学生事务工作者不同，我国目前并没有一个对应辅导员工作要求而设立的大学专业，去培养辅导员的专门人才，大多数高校在招聘辅导员时也并不限制辅导员的专业，这就造成了辅导员在扮演角色的初期无法深刻地认识角色期望，也就不可能很好地完成自身的角色领悟。强大的学科支撑，连贯的人才培养路径是专门人才培养的一个决定因素。辅导员最初的职业角色为“政治引路人”，因此，思想政治教育学科作为其学科支撑有其历史性和必然性，但随着时代发展，辅导员的角色从单一角色到多种角色，思想政治教育学科的支撑是否足够？是否在时机成熟时可以将辅导员工作发展为学科的一个专业方向？辅导员工作专业方向是否是社会学、心理学、思想政治教育学科的交叉学科？这些都是辅导员是否能够深刻领悟自身角色需要解决的源头问题。

与此同时，辅导员博士培养作为辅导员高级专门人才的重要培养途径，应该在学术上、实践上为博士生创造良好条件。高校亟须一批既熟知从事辅导员职业相关的理论知识，又熟悉辅导员实际工作的博士生导师来加大辅导员博士的培养力度，让理论走出书斋，与辅导员的工作实际紧密结合。高校要为博士生提供担任低年级学生辅导员的工作机会，让他们在实践中研究理论，创新理论，推动学科和专业的发展，也提高辅导员整体的角色领悟程度。

（2）建立职业准入制度，把好辅导员的入口关

实现辅导员工作注册制，把好辅导员工作的过程关；完善各级培训制度，加大对辅导员的培训力度。在辅导员入口处建立必要的职业准入制度，可依据《高等学校辅导员职业能力标准（暂行）》的知识范畴进行专门考试，通过后取得执业资格证书，有执业资格的辅导员才能参加高校辅导员的选拔任用，让他们在成为辅导员之初就能充分知晓自我角色。采用全国统一的辅导员工作记录，让有权威的机构进行记录和认证，使辅导员的管理过程实现统一化和规范化，并针对不同工作年限的辅导员进行不同程度的角色领悟方面的培训。加大对辅导员科研项目和访问学者的支持力度，让更多的优秀辅导员在工作实践中接受高水平的学术指导，提高角色领悟水平，提高学术能力。加大思想政治教育工作专项博士的招生力度，让更多优秀的辅导员接受系统的学术训练，成为辅导员学术研究的先行者，推动辅导员整体角色领悟水平的提升。扩大辅导员短期国内外交流和短期培训的覆盖面，交流学习机会应更多地向独立本科院校辅导员和高职高专院校辅导员倾斜，让他们能够在繁重的工作中进行学习交流，更好地提高他们的角色领悟水平。

3. 减轻辅导员角色实践的繁重性

从高校辅导员角色实践现状可知，辅导员在角色实践中面临繁重的日常事务性工作，耗费掉大部分精力，而导致自我角色领悟和角色实践难以保持一致的问题。要减轻辅导员角色实践的繁重性，提高辅导员角色扮演的充分性，需要采取划清辅导员的工作界限和营造同向同行的育人环境的策略。

（1）划清辅导员的工作界限

教育行政部门需要推动学校进一步明确辅导员的工作边界，避免辅导员工作的无限责任制；高校需执行教育部相关文件精神，按照规定足额配备辅导员，明确辅导员的工作边界，避免辅导员完全陷入日常事务性工作。

（2）营造同向同行的育人环境

坚持全员全过程全方位育人。把思想价值引领贯穿教育教学全过程和各环节，形成教书育人、科研育人、实践育人、管理育人、服务育人、文化育人、组织育人的长效机制。专业课教师在教授专业知识时也有育人职责，需要“守好一段渠、种好责任田”，使专业教育与思想政治教育同向同行，形成协同效应，减轻辅导员的工作压力。

4. 帮助辅导员有效建构自我角色

在采取以上策略帮助辅导员减少角色期望的多样性、提高角色领悟的充分性、减轻角色实践的繁重性后，组织还应该采取构建辅导员工作团队、打通辅导员“多线”晋升通道的策略来帮助新时代高校辅导员有效建构自我角色。

（1）构建辅导员工作团队

学校应培育辅导员工作团队，实现辅导员角色的单一化，尽量在配置一线辅导员时遵循事务性辅导员（本科生）和研究型辅导员（硕士、博士）相结合，初级、中级、高级辅导员相结合，不同专业教育背景的辅导员相结合的原则。

在日常培训中丰富培训的层次和内容，满足处于不同发展阶段的辅导员的需求。引导不同年限的辅导员结合自身特长进行职业规划，鼓励他们坚持某一专业领域的研究，成长为这一领域的专家。将一个基层教育单位的辅导员团队培育为九个角色均有专家的专业学生事务管理团队，指导学生解决成长过程中的不同困惑。

（2）打通辅导员“多线”晋升通道

教育行政主管部门需要督查高校将《高等学校辅导员职业能力标准（暂行）》《普通高等学校辅导员队伍建设规定》中的人员配置、职称评聘等政策落实落地，避免出现政策“空转”。高校要落实辅导员职称评聘单列计划、单设标准、单独评审，评审过程应充分考虑辅导员工作的特殊性，不能简单地统一到专业教师序列去一概而论。各学校应根据自身情况制定辅导员评级定级细则，对应相应的职级待遇，让辅导员职务晋升不单为狭窄的“机关”途径，形成辅导员职称、职务、职级的“多线”晋升通道，稳定辅导员队伍，做好辅导员专业化、职业化发展的导向。

（二）个体在自我角色建构中的策略

在包含九个角色的辅导员角色集中，思想理论教育和价值引领者是辅导员的根本角色，是辅导员的职业初心和职业内核；理论和实践研究者的角色实践是辅导员回归教师身份的必然途径；党团和班级建设者、学风建设者、学生日常事务管理者、心理健康与咨询工作者、网络思想政治教育者、校园危机事件应对者、职业规划与就业指导者角色是随着时代发展而赋予辅导员的，都需进行角色实践。众多角色赋予一人，必然会导致角色紧张，而辅导员可通过以下途径缓解角色紧张，提升角色实践能力，建构自我角色。

1. 寻找工作中的合力来减少角色期望的多样性

辅导员是高等学校教师与管理队伍的组成部分，是大学生思想政治教育工作团队中的一员，辅导员需要和职能部门配合、和其他辅导员配合、和专业课教师配合，共同做好大学生思想政治教育与管理工作。同时，面对烦琐细致的日常事务性工作，辅导员可以通过建立学生干部团队或兼职辅导员团队来分担部分工作，在培养学生干部的同时释放自己的精力，分配到其他更为重要的角色实践上。如学生的思想政治教育与引导、班级管理的顶层设计、特殊学生的关注等工作。

2. 加强业务学习和理论研究来提高角色领悟的充分性

辅导员在工作过程中，将会面临来自国家、社会、学校、家长和学生等多种期望，国家和社会期望辅导员将大学生培养为国家发展所需要的青年人才；学校期望辅导员配合学校各个部门完成大学生的育人工作；家长期望辅导员能够监督孩子圆满完成学业，锻炼孩子的能力，为未来就业、升学打下基础；学生期望辅导员能够关心自己的个性发展，为他们提供学习、生活等各个方面的实际帮助。要实现以上的多方期望，需要辅导员明确自身职业界限，并熟知职业理论、法规和知识，充分认可自身的九个角色，这是辅导员实现角色期望的前提与起点。

辅导员可以抓住国家在辅导员系统中的培养机会，如参加全国高校辅导员示范培训班，申报辅导员骨干专项课题和精品项目，参加辅导员工作创新论坛，在职攻读思想政治教育专业博士学位等。这些业务学习能够在不同程度上加强辅导员对自我角色的认识和认同，更为深刻地认识自我角色，为角色实践做好铺垫。

辅导员同时要提高“理论和实践研究者”的角色领悟程度，坚持工作中的科学研究。辅导员要结合自身爱好提升职业能力，依据《高等学校辅导员职业能力标准（暂行）》中的九大职业能力，深入研究一到两个方面，如思想理论教育和价值引领、校园危机事件应对、心理健康教育与咨询等，开展结合实践的学术研究，申报各级课题，发表学术论文，提升理论水平与科学研究能力。

3. 总结事务性工作的规律来减轻角色实践的繁重性

总结事务性工作的规律，减少重复的事务性工作带来的精力消耗。整日处理烦琐无章的日常事务性工作，是大家对于辅导员工作状态的普遍认知。而看似烦琐无章的工作，其实也有其固有的规律和章法，辅导员只需在工作中稍加留意和总结，就能事半功倍，从而减轻自身角色实践的繁重性。

4. 提高角色期望、角色领悟、角色实践的内在一致性

从上文的分析可知，辅导员面临着角色期望的多样性、角色领悟的不充分性和角色实践的繁重性等角色建构的困境，社会学角色理论认为，角色期望将决定角色领悟，角色领悟的程度又决定角色实践的情况。但是由于辅导员个体的差异和其工作环境的差异，三者难以完全保持一致而呈现出理想状态。此时辅导员需要在组织的支持下，通过各种策略合理减少角色期望的多样性，提高角色领悟的充分性，保持角色领悟与角色期望的一致性，从而呈现出理想的工作状态。辅导员要抓住新时代的新机遇，努力让个体蜕变为新时代高校辅导员：既懂思想政治理论，又懂工作实操业务；既能开展常规教育管理工作，又能应急处理各类危机事件；既能埋头事务性工作，又能提笔进行理论研究。

第二节 高校辅导员的核心素质与核心能力

一、高校辅导员应具备的核心素质

（一）多元的知识结构

高校学生思想活跃，有丰富的情感，学习能力强，有较强的自我意识。辅

导员在这样的学生中建立影响力，首先要有敏捷的思维能力和多元的知识结构。多元的知识结构是指掌握多个学科或多个专业的基本理论知识。

高校辅导员作为思想政治工作者，要具备敏锐的观察力和强烈的历史责任感，要不断深入学习马克思主义基本原理，不断丰富自身的理论知识储备。高校辅导员要始终站在辩证唯物主义的立场，坚持用辩证唯物主义的观点看待问题，使用辩证唯物主义的方法解决问题，在实际工作中合理应用逻辑学和心理学的知识，有理有据地完成思想政治教育工作。

高校辅导员还要注重学习科学文化知识，培养自身的科学文化素养。具备一定的科学文化素养能够丰富自身的知识结构，提高自身的研究能力。同时，科学文化素质也是高校辅导员应具备的基本素质之一。现代科学技术快速发展，加快了科学文化知识更新和传播的速度。现代大学生有大量的知识储备和获取知识的手段，致使辅导员面对的问题也更加复杂。因此，高校辅导员应注重学习科学文化知识，既要具备深厚的专业知识，又要广泛学习各个学科的知识，在掌握思想政治教育专业知识的同时要扩大自己的知识面，不断完善自身的知识结构，以适应现代思想政治教育的新要求。

为使思想政治教育更有针对性，避免思想政治教育过于空洞，高校辅导员应自觉学习教育学、教育心理学和管理学等知识，以提高思想政治教育和学生工作的专业性。在学习专业知识的同时，高校辅导员也应重视实践，实现理论知识和实践能力同步提高。在做学生工作时，高校辅导员应遵循现代教育规律，使用科学的管理理念和管理方法管理学生，不断优化管理手段，提高工作效率，为学生提供更好的服务。高校辅导员还应学习心理学、社会学和美育方面的专业知识，并注重培养自身的特长，使用专业知识解决学生在学习和生活过程中遇到的问题，提升学生的心理素质，培养学生的优良品格。

网络技术的发展为高校的辅导员工作带来了挑战，为应对新的科学技术带来的挑战，高校辅导员应积极学习科学技术，更新自身知识结构，使用现代化技术辅助教学。计算机网络技术和多媒体技术具有高效便捷、直观性强的优点，能在很大程度上提升教学效果。在当今形式下，高校辅导员要积极学习现代化教学手段。总之，高校辅导员要不断学习，提高自身的教育能力和管理能力。

（二）良好的思想道德风范

高校辅导员要培养学生优良品格，塑造学生的灵魂。这是由辅导员教育性的特点决定的。辅导员不仅需要向学生传授思想政治教育的有关知识，还要向学生传授做人的道理。

这就要求高校辅导员首先要具备良好的思想道德风范。辅导员的思想道德风范对学生有重要影响，这种影响是教材、道德格言、奖励和惩罚都不具备的。辅导员良好的思想道德风范能够成为学生学习的榜样，潜移默化地影响学生的学习和发展。良好的思想道德风范也能够提高辅导员在学生中的影响力和公信力，使辅导员更易于展开学生工作，提升学生工作的质量和效率。

辅导员良好的思想道德风范主要包括以下两点。

1. 个人品德

高校辅导员良好的个人品德是指品德高尚，平等地对待学生，为人真实诚恳，对自己有严格的要求。

2. 职业道德

高校辅导员的职业道德有三层内涵。

①高校辅导员要有崇高的职业信念，要热爱自己从事的职业，热爱自己的学生，有责任感。在工作中，辅导员要保持积极向上的心态，及时了解学生的学习情况。

②高校辅导员要有高尚的职业道德品质和精神品质。这些品质能够在工作中提高辅导员的感召力，无形地影响学生的学习和未来的发展，使学生的品格更加完善。

③高校辅导员要有创新意识。辅导员要针对不同学生的不同特点，遵循因材施教的理念对其进行教育。同时，辅导员要大胆创新，改革教学模式和教学方法，更好地为学生服务。

现阶段，我国高校辅导员已经清晰地认识到了当今形式下的高校思想政治教育的作用，能够将思想政治教育作为伟大的事业来完成。在工作过程中，辅导员表现出责任感、使命感、职业荣誉感和奉献精神。

但要注意的是，在社会主义市场经济条件下，物质财富极大丰富，人们的价值取向逐渐呈现出多元化的特点，一些人的价值追求出现问题，由追求长远的目标转变为追求眼前目标，由追求精神富足转变为追求物质财富，由追求集体利益转变为追求个人享受。受到这些价值观念转变的影响，一些高校辅导员对思想政治教育工作的认识发生了动摇，出现了工作不积极、不认真、工作主动性不足等问题。

在当今形式下，高校辅导员工作任务艰巨，工作难度高，工作责任大。辅导员要高质量地完成本职工作需要付出自己的休息时间，而辅导员的待遇与辅导员的付出不符，一些辅导员出现心理落差，责任意识和敬业意识开始淡化，并表现为工作中的种种问题。

因此，要提高高校辅导员的素质和能力，引导他们形成对高校思想政治教育的作用的正确认识，增强他们的责任意识和敬业意识，提高对所从事的职业的认同感。

（三）良好的心理素质

高校辅导员要落实学校的教学计划、协调学生与学校之间的关系。这些工作的完成，都需要良好的心理素质作为支撑。

良好的心理素质能够帮助高校辅导员更好地完成学生工作。辅导员的工作十分繁复，处理好这些工作要求辅导员要具备以下几项心理素质。

①辅导员要对学生工作充满热情，要有完成工作的耐心。

②辅导员要有宽和的心态，面对突然出现的情况要不急不躁，面对工作上的误解要不愠不怒。学生不配合自己的工作时要平和处理，积极与学生沟通，不可粗暴对待。

③辅导员要富有爱心，要关心学生在思想或情感上的问题，引导学生走出困境。

④辅导员要有进取心和坚定的毅力，要能够应对工作中出现的问题和挑战。

二、高校辅导员应具备的核心能力

（一）组织协调能力

一般情况下，高校辅导员要管理的学生约有一百人，如此庞大的群体要求辅导员具有组织管理能力和协调沟通能力。在工作中使用科学的管理方法能够培养学生的独立意识和现代生活观念。

随着时代的发展，当代大学生有着强烈的民主意识和自主观念，这就要求辅导员使用科学的管理方法对其进行管理。同时，辅导员还要与学校的各个部门积极沟通，协调工作。良好的沟通协调能力是高校辅导员的一种专业能力。良好的沟通协调能力不仅应用于与学校各个部门的沟通，也应用于与学生的沟通。积极有效的沟通能够促进学生工作的展开。

高校辅导员的组织协调能力包括班级结构设计、班级人员配备、指导班级实现学习目标。班级结构设计要以班级整体目标和班级的主要任务为基础。班级人员配备要能够促进班级目标的实现。在进行班级人员配备时，辅导员要充分了解学生的特点和特长，在此基础上委任学生干部，提高学生干部的工作效率，充分发挥学生的优点。在委任学生干部时也要考虑学生的缺点和不足，避免这些缺点和不足影响班级目标的实现。指导班级实现学习目标包括重视学习计划的作用、指导班级制订科学的学习计划、监督班级执行学习计划。计划是实现决策目标的方法、途径和时间表。班级学习计划包括班级活动的目的、时间、地点、人员安排和具体内容。班级学习计划对于班级和辅导员都十分重要，它能够帮助辅导员根据环境的变化为班级的发展制定对策。辅导员除需帮助学生制订学习计划外还要制订相应的标准监督计划。

（二）语言表达能力

高校辅导员要具备良好的语言表达能力，在对学生进行思想政治教育和展开学生工作时要使用内容丰富、逻辑严谨、形象生动的语言。语言表达能力对于高校辅导员来说至关重要，辅导员要掌握一定的表达技巧，使自己的语言表达准确、严密、生动。

高校辅导员要掌握交流沟通的技巧，能够准确完整地表达自己的观点，要善于做演讲和宣讲。此外，高校辅导员要能够使用语言将自己的工作思路条理清晰地表达出来，以便向学校领导汇报工作。高校辅导员要在交流过程中抓住学生的心理特点，有针对性地对学生进行说服教育，提高教育效果。语言表达既是一门科学也是一门艺术。善于运用语言表达的人能够清晰地表达自己的观点，同时能够运用感情打动受话者。

思想政治教育主要通过语言完成教师和学生之间的交流。因此，语言表达对于院校辅导员的工作的完成有重要影响。

高校辅导员的语言表达要适应学生的层次性的特点。高校学生有层次性的特点。这些学生来自不同的年龄层，有各自不同的经历，具有互不相同的性格和素质等。这就要求高校辅导员在与不同的学生沟通时采取不同的语言表达技巧。

对于勤奋好学的学生要使用委婉的侧面提醒的方法，使这类型的学生能够及时发现自己在学习中存在的问题和不足之处；对于平时不遵守学校的规章制度和课堂纪律的学生要使用严肃批评的方法，直接对其不良习惯给出严厉的警告；对于自尊心较强的学生要使用柔和委婉的语言向其讲授道理；对于性格活泼的学生要使用活泼生动的语言对其进行教育；对于学生干部要采取直接沟通的方式，直接指出学生工作中的问题；对于学习成绩处于班级中层的学生要使用激励性的话语鼓励他们努力学习；对于学习成绩不佳的学生要使用开导性的语言，劝其努力学习。总之，高校辅导员要根据学生的不同层次使用不同的语言表达，针对学生的具体问题给出建议。

首先，高校辅导员的语言表达要满足学生的爱的需要。高校辅导员要保证能够为学生提出正确的建议，在向学生提出建议的同时还要得到学生的尊重和爱戴。高校辅导员要在语言表达中表达出对学生的关心和爱。高校辅导员如果不是发自内心地喜爱学生，那么他的语言表达将是苍白无力的。高校辅导员需要对学生进行严格管理，但要通过耐心地教诲实现对学生的严格管理。

其次，高校辅导员的语言表达要满足学生获得尊重的需要。高校学生有较强的独立意识和强烈的自尊心，针对这一特点，高校辅导员应在学生工作中使用恰当的原因激发学生的自尊心，使其发奋学习，以实现在平和的语境中获得最佳的表达效果。

最后，高校辅导员可以使用幽默的语言向学生讲述道理。幽默的语言能够吸引学生的注意力，提高教学效率。

（三）服务学生的能力

高校辅导员既是教育者又是管理者，同时也是服务者，在全面推进素质教育的工作中具有重要作用。高校辅导员应具备服务学生的能力，以扮演好服务者的角色。

在当今社会主义市场经济大发展的条件下，由现实问题带来的思想问题越来越多。一般来讲，大学生绝大部分的思想问题是由现实问题引起的，辅导员要想办法积极解决大学生存在的现实问题。对于不能及时解决的现实问题，辅导员要对学生进行心理疏导，减轻学生的心理压力。

现阶段高校毕业生面临很大的就业压力，毕业生急需就业指导和就业帮助。辅导员与学生的关系最为密切，在毕业生的就业指导工作中具有重要作用。高校辅导员应为毕业生提供必要的就业指导和就业服务，指导毕业生科学择业，缓解毕业生的焦虑。

（四）科学研究和创新能力

要建设专业化、专家化、职业化的高校辅导员队伍，高校辅导员要培养自身的科研能力和创新能力。高校辅导员要培养的科研能力包括教育学和管理学领域的研究能力和马克思主义基本原理领域的研究能力。

高校辅导员的工作有实践性的特点。在具体的工作实践中，高校辅导员会面对大量的问题。对这些问题，高校辅导员要有自己的思考。但这种思考不应是建立在经验的基础上的，而是要归纳总结经验，在理论高度对其进行思考。

在管理学生的过程中，高校辅导员要采用科学的方法分析学生管理中出现的问题，结合以往经验，形成理论，以便为之后的工作提供指导。

高校辅导员要将传统的基于经验的工作模式转变为学术型和研究型的工作模式。这要求高校辅导员要具备专业理论能力和科研能力，能够将工作经验和科学研究结合起来。

（五）自我控制和驾驭复杂局面的能力

高校辅导员要掌握一定的心理学知识和心理发展规律并对自己的心理特征有一定的了解，以帮助自己形成对辅导员角色的具体认识。在工作过程中，辅导员要面对来自各个方面的各种各样的问题，情绪难免出现波动。这时辅导员就需要使用心理学知识调整心态，平稳情绪，以保证顺利完成工作。此外，高校辅导员需要在工作过程中保持良好的情绪，这样能够提高工作效率，也能使辅导员更受学生的欢迎。

现代社会不断发展，社会中出现了很多不确定因素。高校辅导员主要负责学生的思想政治教育，与学生的接触也最为频繁，因此会遇到很多不确定因素。为有效应对这些不确定因素，高校辅导员应在实践中不断锻炼自己，分析影响学生行为和思想的各种因素，以便在面对复杂问题时能够快速判断成因，及时找出应对策略。

第三节　高校辅导员思想政治教育工作创新研究

一、辅导员在高校思想政治教育中的主要工作方法

（一）说服式教育法

说服式教育法是指通过讲道理、摆事实等方法，使大学生能够很好地进行自我定位、很好地处理人际关系，指引学生树立正确的人生观、世界观、价值观的一种教育工作方法。

说服式教育法有两个显著的特点。一是通过正面教育，使学生的认识得到提高，注意以理服人，注重明理教育。二是通过教育引导，帮助学生提高辨析能力和认知能力，启发学生的自觉性和自律性，帮助学生认真分析具体问题，对于不正确的看法要帮助学生把主观认识引导到正确的方向上来。

（二）情感交流式教育法

情感交流式教育法运用的较为单一，传统单一的交流方式很难引起当代大学生的兴趣，难以触动大学生的内心感受。辅导员队伍过于年轻化也带来一些弊端，如社会阅历不够、情感交流不能满足教育需要、不能很好地掌握与学生情感交流的契机，或者进行情感交流时不注意方法与技巧、教育过程过于程式化的说教，缺乏与大学生内心深处的情感共鸣等。

结合高校辅导员在与学生情感交流沟通中遇到的实际问题，创新高校辅导员与学生之间的情感沟通的方法尤为重要。辅导员应提高自身的情感素养和道德修养，并掌握良好的情感交流沟通方法、积累丰富的经验，从而不断加强与学生的情感交流。

（三）理论联系实践式教育法

教育实践与教育理论二者之间的“脱离”是高校思想教育过程中实际存在的一个大问题，辅导员在教育学生的过程中往往因为缺少实际教育经验，造成脱离实际“纸上谈兵”的教育方式。教育实践是随着思想教育工作者的工作经验的积累而不断积累的过程，通过自身综合素质的提高、实践经验的积累，反过来对教育理论形成“互相滋养”，进而理论与实践都得到升华，完成由量的积累到质的飞跃。

（四）网络舆论影响式教育法

网络舆论是伴随着网络媒体、网络技术的发展而诞生的，从网络舆论形成的那一天起，就有其作为媒介介质特殊的意义。

网络为大学生正确表达爱国热情，弘扬爱国主义精神，弘扬社会主义奉献精神提供了平台，有效地凝聚热情、抒发情感。网络也为大学生提供了鞭挞丑与恶，弘扬真善美的平台。

网络舆论像一把道德的标尺，有效地衡量大学生心中的道德标准和行为标准，时刻提醒他们任何一种行为都要受到道德行为的推崇和约束。网络舆论教育是高校辅导员进行思想政治教育工作重要的教育媒介和手段，有利于当代大学生提升思想政治素养。

二、高校辅导员思想政治教育工作的基本内容

（一）爱国主义教育

爱国主义教育是激发大学生对祖国和民族了解和热爱，培养他们勇于探索、知难而上、坚忍不拔的时代精神的最好教育方式。加强爱国主义教育是高校思想政治教育工作的永恒主题和重要的组成部分，大学生只有坚定爱国主义情感，以热爱祖国和建设社会主义国家为己任，以损害国家利益和国家尊严为耻辱，才能通过掌握过硬的科学文化知识，把爱我中华和实现中国伟大复兴的中国梦付之行动，努力使自己成为合格的建设社会主义接班人。

（二）理想信念教育

高校是为国家输出合格建设者的重要机构，理想信念是一个民族和国家的精神支柱，失去了理想信念就等于失去了灵魂。对在校大学生施加有目的、有计划的教育影响，使他们树立起正确的理想和崇高的信念，是高校教育者的最终目标。在高校实施理想信念教育是时代的要求，是党和人民交给我们的光荣而艰巨的历史任务。只有我们明确理想信念教育的目标，开辟多种教育途径，加强教育和宣传，才能为祖国培养出一批拥有崇高理想和坚定信念的社会主义建设者和接班人，才能实现中华民族的伟大复兴。

（三）道德行为规范教育

高校是培养社会主义建设所需要的高级人才的地方，高校的在校大学生应该是天之骄子，应该是讲文明、懂礼貌、树新风、知荣辱的楷模。

高校应制定健全的教育体制，采用理论联系实际的教育方法，结合网络媒体等全方位的教育资源，系统地培养在校大学生的整体行为规范意识和道德意识。良好的行为规范和高尚的思想道德不是一朝一夕养成的，关键是持之以恒，努力把学生教育成恪守传统美德的文明大学生。

三、高校辅导员思想政治教育工作创新的几点思考

（一）努力提升高校辅导员思想政治教育工作能力的新思考

1. 合理调整与优化辅导员队伍构成

合理完善辅导员队伍构成是每所高校都面临的重大课题之一。建立合理完善的高校辅导员队伍，应该从以下几个方面进行着手。

①应加强辅导员校际的定期学习和换岗交流，有利于高校间优秀经验的传播与继承。固守本校的管理模式很难在工作上有所创新，只有加强高校间辅导员之间的交流学习，才能真正做到取彼之长、补己之短。

②结合各高校实际，建立适合自身管理需求的专职辅导员队伍和兼职辅导员队伍。

2. 提高辅导员各项综合素质的新理念

随着外部环境和学生特质的不断变化，高校辅导员要具有超强的接受新鲜事物的能力，也要不断地通过学习和培训提高自身各方面的硬件素质，以应对高校思想政治教育工作和学生日常管理工作中所产生的新问题和新变化。因此，笔者提出在高校要建立辅导员的终身学习机制和终身培训机制的新理念。

3. 提高辅导员的综合能力的工作新思路

各高校现行的辅导员隶属关系主要是由学校主管学生工作的党委副书记领导，学生工作主管部门、校团委主管部门以及各分院共同管理，基层的学生工作办公室下辖的辅导员同时受几个部门的管理和制约，这在很大程度上限制了辅导员主观能动性的发挥。这种多头管理制度的存在实际上与辅导员专业学术平台的建立是背道而驰的。这种多头管理现状使得在辅导员选拔录用、辅导员绩效评优考核、辅导员团建活动开展等方面存在力量交汇与力量制约的现象。往往造成辅导员归属感差，工作中容易感到迷茫，不具备辅导员专业学术平台建立的条件。合理完善高校辅导员管理与考核机制，建立适合高校自身发展的辅导员管理制度是建设辅导员专业学术平台的前提和基础。

高校辅导员工作是事无巨细、任务繁重的，如果高校主管部门没有为辅导员构建专业性综合研究平台的意识，就不能将辅导员的工作实践转化为理论成果。庞大复杂的日常工作占据了辅导员过多的工作时间，这就需要高校管理部门合理完善管理机制，提高辅导员的工作效率，全方面提升高校辅导员的素质。

4. 提高辅导员工作实效性必须解决的新课题

高校辅导员在当前的教育管理模式下往往一人要承担多项工作，在担任辅导员的同时往往还要兼任分团委书记、学生党支部书记、学生工作办公室主任、院系党办秘书、组织员等职务。这些工作大都与思想政治教育工作紧密相关，却在无形中分散了辅导员的工作精力，影响了辅导员对于本职工作的实效性与专注度。很多辅导员每日忙于处理各类琐碎的事务性工作，不能及时发现和把握高校思想政治教育过程中产生的新情况、新问题。

在新形势下，如何释放辅导员的工作压力，如何提高辅导员的工作效率，如何增强辅导员工作的针对性，已经成为提高辅导员工作实效性必须解决的新课题。应认真做好以下几方面工作。

（1）转变辅导员角色定位，增强工作主动性和创造性

新时期的辅导员要从传统的管理模式中走出来，要把自身从管理者的角色定位转变为为学生服务的服务者，与学生做朋友，真正走到学生的内心世界与现实生活中。增强学生对辅导员的信任感，培养学生养成愿意接触辅导员、乐于请教辅导员、有困难或问题第一时间找辅导员的良好习惯。

（2）因材施教、做好特殊群体学生的教育工作，增强工作的针对性

针对不同学生的性格特点进行有针对性的教育引导，找准学生的特殊切入点，有针对性地对其优秀的品质和特长进行培养，做到真正的因材施教。辅导员还要做好特殊学生群体的教育工作，要付出更多的爱心和责任心，对经济困难学生、特殊家庭学生、少数民族学生、班级后进学生、存在心理问题的学生，按照不同特点，在日常生活中有针对性地进行教育引导。

5. 发挥辅导员在思想政治教育工作中作用的新举措

在大部分高校，辅导员是高校教师体系中比较特殊的一个群体，他们既属于高校教师系列，可以参评助教、教师、副教授、教授的专业技术职称，又属于管理系列，可以按需求、资历、贡献等条件，晋级副科、正科、副处、正处等行政级别和担任相应的行政职务。由此可以看出，辅导员在高校教育管理中的作用以及高校对于思想政治辅导员这一团体的重视。他们既是思想政治教育教学工作的重要组成部分，也是投身于高校的管理工作第一线的管理者。

现阶段辅导员在高校的作用是显而易见的，但是辅导员很少享受到这种重视。在明确辅导员举足轻重的作用的基础上，切实提高辅导员在高校的地位以及更好地发挥辅导员应有的作用是当务之急。

更好地提高辅导员的地位可以从两方面着手。第一，发挥辅导员在思想政治教育教学中所起的作用，为专业型、专家型辅导员队伍的建立打下坚实的专业基础。让辅导员更多地参与一线教育教学，尽量把高校的形势政策课、心理健康教育指导课、大学生就业指导课等思想领域的课程交给辅导员来完成。

第二，在完善辅导员的测评考核机制的同时，注意提高辅导员的相关福利待遇，为辅导员的专业培训、发展前景、职业生涯做好统一的规划。做好辅导员队伍的稳定工作，为建立一支高素质、专业化、职业化、专家化的辅导员队伍而努力。

（二）辅导员提升高校思想政治教育实效性的工作思路

1. 合理利用高校思想政治教育资源的新设想

实现教学资源的共享和合理分配教育资源是各高校面临的重要课题，也是实现教育现代化的重要手段和必然之路。将各高校有限的教育资源进行整合和合理再分配能较好地提高教学质量和教学效率，最大限度地应对由年年“扩大招生”带来的诸多问题，对促进高校的教学改革，提高科研水平与实现优秀教学资源的共享将起到不可估量的作用。

2. 重视大学生素质和就业创业能力的培养

大学生素质教育和就业创业能力教育与培养是思想政治教育的延伸，是关系到校园安全稳定和社会和谐进步的重要问题。

伴随着高等教育的迅猛发展和高校的连年“扩招”，近几年大学生数量较以前有了大幅的增加，如何提高学生的就业率成为摆在高校管理者面前的一道非解不可的难题。大学生就业创业的压力越来越大，迫使高校在人才培养模式上进行不断的改革。加强大学生就业创业能力的培养是时代的必然要求，提高大学生的就业创新能力是教育改革的重要任务，提高大学生的就业创新心理素质和抗压能力是高校人才培养的现实要求。

3. 充分利用学生的课余时间开展形式多样的辅助式教育活动

合理地利用空闲时间，增强教育的效果，应该从以下几方面着手。

第一，学校要加大校园基础设施的建设与投入，为学生提供进行体育锻炼和文娱活动的综合性场所。良好的校园环境、完善的校园设施，能最大限度地激发学生参与体育锻炼的热情。

第二，团委要发挥青年团员活动堡垒的作用，积极组织开展各类形式多样、内容丰富的文体活动。团委一般下设艺术团、社团联合会等机构，发挥团委以及学生机构的影响力，为学生举办各类活动，如迎新晚会、歌手大赛、各种体育比赛、主持人大赛、辩论赛等活动，在丰富大学生课余文化生活的同时还能为大学生施展自己的才华提供平台。

第三，高校辅导员要合理利用各种手段引导学生正确认识网络，使学生从不良的网络世界中脱离出来。网络已经成为占据学生课余时间最多的活动，空闲时间泡在网上玩游戏、看影视作品的学生占很大的比例。辅导员要从入学之初就对学生做好合理上网，规范网络行为的专项教育。

第四，学生管理部门要结合学生关心的实事热点，开展各类专题教育、主题学习和各类技能竞赛，以丰富大学生的校园文化生活。

第六章　高校辅导员队伍建设研究

随着经济的快速发展和教育体制的不断改革和创新，新时期的高校学生思想政治教育工作，现在面临着非常大的挑战和机遇。在这种情况下高校辅导员必须开展大学生思想政治教育工作，并努力成为其中的中坚力量。这样一来，这支队伍的建设和完善程度，就会直接影响着高校大学生的思想政治教育工作的效果。本章分为高校辅导员队伍建设的现状，高校辅导员队伍专业化、职业化理念，高校辅导员队伍建设的举措或者途径三部分。

第一节　高校辅导员队伍建设的现状

一、高校辅导员队伍建设的成绩检视

据教育部的有关统计，专职辅导员队伍人数已经从2006年的6.9万人增加到2016年的13.3万人，近两年也实现了人数的迅猛增长。在国家政策和意见指导下，我国高校辅导员的建设和发展取得了长足的进步。

（一）制度保障方面

国家先后出台一系列规范和文件，为高校辅导员确定了职业化、专家化、专业化的发展方向，对高校辅导员的选配要求、责任义务、培养发展、考核管理等做出了详细的规定，为推进高校辅导员的优化建设以及进一步加强高校思想政治工作提供了强有力的制度保障。

（二）激励机制方面

在“全国高校辅导员年度人物”的评选活动，以及各地区、省市、高校的优秀表彰活动中涌现出了许多坚守在平凡岗位上的优秀高校辅导员。这些平台的搭建、激励机制的建立不仅是对高校辅导员辛苦付出的肯定，使他们的职业

和自我实现达到高度统一，同时也为他们相互学习、互通有无提供了更广阔的平台。

（三）培训体系方面

为了提升高校辅导员的综合素质，推动高校思想政治教育的有效开展，从国家到地方到学校，形成了全方位、多层次、高水平的培训体系。教育部相继印发《2006-2010 年普通高等学校辅导员培训计划》和《普通高等学校辅导员培训规划（2013-2017 年）》，要求高等学校积极开展辅导员培训工作。教育部举办的“全国高校辅导员骨干培训班”，目前已经举办一百余期，培养了大量的辅导员骨干，在促进高校辅导员职业化、专业化、专家化发展的过程中发挥了重要的作用。

（四）理论研究方面

鼓励高校辅导员结合实际工作经验进行科学研究，对实际工作中不断出现的新问题、新挑战进行深入剖析，将其上升到理论高度。在高等教育学会下成立了辅导员研究分会，创办了《高校辅导员》作为会刊，力求形成独具特色而又丰富多彩的思想政治教育理论。

二、21 世纪高校政治辅导员队伍建设受到国家高度重视

（一）高校政治辅导员队伍建设快速发展的时代背景

进入 21 世纪，世界发生着巨大的变化，我国市场经济体制也发生着日新月异的变革，这些变化都使得大学生面临着政治信仰、理想信念、价值取向等方面的极大考验。教育部官网公布的 2019 年全国教育事业发展统计公报显示，2019 年我国高等教育学生数量为 4844.29 万人。根据《普通高等学校辅导员队伍建设规定》，高校每二百名学生配备一名辅导员的政策来估计，至少需要 24 万人的辅导员队伍。所以，21 世纪辅导员的工作面临前所未有的机遇和挑战，也迎来了辅导员队伍建设的快速发展的时期。

1. 高校思想政治教育工作环境发生了变化

进入 21 世纪，大学生思想政治教育工作环境出现了新的变化。随着我国改革开放的不断深化，社会主义市场经济体制改革不断深入，现阶段社会正处在转型期，收入分配、就业方式、利益关系日趋多样化，大学生中出现了以自我为中心、过度消费、不关心政治等问题，并且或多或少会存在政治信仰迷茫，

理想信念模糊，诚信意识淡薄，社会责任感缺失，心理素质欠佳等问题。在高校内部，随着高等教育进入了普及化阶段，高校出现了许多新的情况：每年大规模的扩招、高校后勤管理的社会化、高校兼并带来的多校区管理等。新的形势下，高校政治辅导员的队伍建设究竟该如何加强和改进？这是所有高校思想政治教育工作者都需面对的课题。

2. 高校思想政治教育工作方式发生了变化

进入21世纪，大学生思想政治教育方式不再拘泥于“两课课堂”、谈心、说教，而是变得更加丰富多彩、形式多样。主题班会、网络教育、参观学习、团体心理辅导等形式都是新形势下更加受辅导员欢迎的方式。在这其中，辅导员的“言传身教、榜样作用”隐形的思想政治教育方式不得不提。很多学生毕业很多年后，除了对校园环境、寝室环境、亲密同学的印象，可能最深刻的要数辅导员教师了，如果大学生在校期间，有一位素质过硬、能力强的亲民辅导员，对大学生的影响将是积极正面且效果显著的。也正是因为高校辅导员与大学生接触频繁、影响深刻，具有不可替代的作用，才更加突显了加强和改进高校政治辅导员队伍建设的必要性。

（二）高校政治辅导员队伍建设快速发展的制度保障

进入21世纪，国家对于高校辅导员队伍建设越来越重视，不断出台各种保障性文件指导辅导员队伍建设，保障了辅导员队伍快速稳步发展，结构不断优化，并逐步走向完善。

2004年8月，中共中央、国务院出台《关于进一步加强和改进大学生思想政治教育的意见》（简称“中央16号文件”）指出，辅导员是大学生思想政治教育的骨干力量，辅导员按照党委的部署有针对性地开展思想政治教育活动，同时指出完善大学生思想政治教育工作队伍的选拔、培养和管理机制。学校要从政治上、工作上、生活上关心他们，在政策和待遇方面给予适当倾斜。

2005年12月，胡锦涛同志还就高校辅导员队伍建设做出了重要的批示，指示我们必须从思想认识、体制机制、明确政策、培养人才等方面采取有力措施，调动广大辅导员的积极性，提高辅导员的工作水平。总书记的重要指示，为加强高校辅导员队伍建设，加强高校辅导员工作指明了方向。

2006年9月教育部颁布了《普通高等学校辅导员队伍建设规定》，文件对专职辅导员的工作职责、配备与选聘、培养与发展都做了详细规定，这成为高校政治辅导员队伍建设的纲领性文件。随后，全国各地高校的积极探索和大胆改革为辅导员队伍科学化建设保驾护航，辅导员的队伍建设工作逐步进入一个良性循环的发展时期。2015 年 11 月教育部在官网公布了《普通高等学校辅导员队伍建设规定》的修订情况，并于 2017 年 8 月 31 日经教育部部长办公会议修订通过。

三、新时期高校政治辅导员队伍建设现状及存在问题

高校政治辅导员队伍是一支学历较高、年龄较小、女性偏多的政工队伍，多数高校采用专兼职结合的辅导员配备形式，有的学校则聘用青年教师、高年级学生或在读研究生担任兼职辅导员。高校政治辅导员每日战斗在思想政治教育第一线，不仅从思想上还从学业上、心理上、生活上给日臻成熟的大学生们以指导和帮助。同时政治辅导员普遍存在时间精力投入不足、工作成效有限等情况，以上现象均导致了辅导员每日深陷纷繁的事务性工作，疲于奔命，而无暇顾及本该是职责所在的思想政治引导、学习生活就业指导、心理健康辅导。

辅导员队伍还普遍存在着专业化水平不高，具有思想政治教育学科专业背景的人数并不多的现象，工作时主要依靠良好的思想道德和崇高的敬业精神，有的只能借鉴学生时代积累的一些学生干部的工作经验。由于学历低、工作忙、职称评聘受限、科研水平不高等，很多辅导员队伍发展空间较小，造成流动性大，队伍不稳定的现状。

（一）工作职责不明确，角色定位不清晰

对于辅导员的工作职责，长期以来没有明确的界定。现实中，辅导员除了对学生进行思想政治教育，还要花很多时间处理繁杂的学生日常事务性工作，甚至细微到：到教室检查学生上课纪律、去宿舍检查卫生、帮助学生寻找丢失的一卡通等。“去十次教室和一次教室，在学生心里有不同感受，但在外人眼里没有多大差别”，很多辅导员都有这样的体会，说“辅导员工作是良心活儿”。这些苦衷由长期以来辅导员工作职责不明确，角色定位不清晰所致。并且在高校中对于辅导员的工作范围存在着这样一种误解：认为只要与大学生有关 的事情就直接交给辅导员去做。

例如，教务管理部门要发给各班学生四六级准考证，多数情况是发到辅导员手中转发给学生。其实这种“代职”可能并不会在辅导员工作职责中体现，但很多辅导员就是每天在忙于应付这些“代职”工作，而搞得没有时间去顾及自己的真正职责所在。日益繁杂的事务性工作占去了辅导员大部分的时间和精力，严重削弱了辅导员思想政治教育的职能。就目前辅导员工作来看，涉及的

范围远远超出了他们的工作职能范围，相反核心的思想政治教育职能没有被突出，反而被弱化。

此外，辅导员角色定位的长期不准确也使得社会和高校的很多工作人员对辅导员工作的认识存在偏差，把辅导员定位为普通的学生管理者，而忽视了作为一名思想政治教育者的功能，导致学校在考虑师资培养等方面往往忽略了对辅导员这支队伍的思想政治觉悟、道德素质等方面的考核和培训。因此，辅导员工作职责不明确、角色定位不清晰、事务性工作繁重的问题严重阻碍了辅导员队伍的科学化建设。

（二）专业性不突出，专业化程度较低

1. 冗繁的日常工作阻碍了辅导员专业化的进程

目前，高校的事务性工作不断增加，辅导员的工作内容越来越多，都直接或间接地由辅导员承担，占去了他们大量的时间和精力，使得辅导员没有时间给自己充电，这就导致他们的知识更新少、知识面狭窄，重经验轻创新，并且过多的日常工作还影响到辅导员深入学生中间开展思想政治教育工作。

2. 辅导员队伍建设机制尚不完善，职业认同感低

在高校，长期存在着对辅导员队伍的考核、激励及晋升机制不健全现象。不能有效地对辅导员工作进行考评，就很难形成对辅导员嘉奖还是惩罚的依据，很难形成辅导员职称评定的有效参考，长期以来必将对辅导员的工作热情及上进心造成严重的影响。加之很多人认为政治辅导员是非职业化的过渡性职业，没有多大出息，仅仅是跑腿打杂，使辅导员队伍容易出现心理失衡。同时，辅导员这支队伍的职称晋升、考核、奖励措施一直存在很多问题，这样在各类人才聚集的高校更加重了辅导员队伍的职业认同感低的情绪，因此也造成辅导员队伍流动性大，难以留住好人才。

①不健全的考核激励机制不利于挖掘专职辅导员的内在潜力，使他们对学生工作的热情、积极性、创造力都受到很大程度的抑制。高校辅导员工作考核机制，能够对辅导员工作进行科学合理的评价，努力工作的辅导员得到认可，消极工作的辅导员受到警告和惩罚，容易在辅导员队伍中形成赶超先进、力争上游的氛围，能够有效地激发辅导员的责任心，督促其在工作岗位上尽心竭力地工作，并为他们今后工作树立典型、指明努力方向，充分调动辅导员工作的积极性，激发工作热情，不断完善自我，提高工作质量。成绩突出的没有嘉奖，工作落后的没人责罚，长此以往必将引起辅导员的消极心理，从而直接影响辅

导员队伍的建设和整体的工作效果。很多人都把辅导员工作说成是良心活，辅导员走访一次宿舍与经常深入宿舍关心学生生活，在校方看来是一样的，然而在学生眼中是有很大差别的。

因此，辅导员的工作不仅要考核，还应结合工作实际科学合理考核，制定详尽的考核条例，最好还要学生参与考核，因为对于辅导员的工作他们更有发言权。辅导员是否有责任心，是否能够细心、耐心地设身处地地为学生们着想，尽心竭力为学生服务，都要制定具体详尽的考核标准逐一让学生、任课教师等打分。然而目前的现状是，辅导员队伍建设课题中的难点和弱点便是缺乏对辅导员工作的系统、全面且具体的考核机制。在高校中，往往建立了针对任课教师的一系列考核、激励机制，而忽略了辅导员这个特殊群体，将他们放在行政人员或教辅人员中笼统地考核，就出现了考核标准缺少针对性，考核标准难以与辅导员工作对号入座，最终的奖励往往也很难落到辅导员头上。

②缺乏健全的辅导员的奖励和激励机制。辅导员的待遇往往低于同期毕业的教师，评优奖励也很难落到辅导员头上。仅从一年一度的教师节“评选优秀教育工作者”活动看，获奖者多是专业教师、科研人员，只有很少比例的政治辅导员能够得到荣誉。这些都会造成政治辅导员的心理失衡，严重影响他们工作的热情、积极性、创造力。

③没有健全的职称评定体系，晋升成难题，职业发展空间小。任课教师可以做到教授、副教授，但辅导员的出路在哪里？虽然大多高校表示愿意把辅导员队伍作为学校党政后备干部培养和选拔，但毕竟这种珍贵的机会少之又少。很多辅导员辛辛苦苦干了一辈子，到退休还是初中级职称，还在辅导员岗位上没有职务日复一日地苦干。随着工作年限的延长，政治辅导员的工作劲头不足，心理逐渐失衡，有的则干脆考研、考博或想方设法转岗，造成这支队伍的流动性大，不够稳定。不容忽视的是，政治辅导员的晋升难，时间久了必然造成辅导员队伍留人难，留住人才更难的局面。

3. 辅导员素质良莠不齐导致辅导员队伍专业化程度较低

随着知识经济时代的到来，科学技术飞速发展，特别是当代大学生对社会政治、经济、科技、文化各方面都保持高度的关注，因此作为“塑造人类灵魂的工程师”的辅导员需具备良好的素质及全面的知识体系。在大学生心中，只有既知识全面又贴近学生的辅导员才是令他们信服的“知心朋友”“人生导师”。

况且，社会的变迁如此之快，在经济飞速发展的今天，大学生对政治、社会经济、科技文化等都有着自己一套独特的见解，作为辅导员想要对学生的思想进行引导，又能融社会主义观点于其中，更是要求辅导员不能简单地说教，而是要对自己的知识活学活用，将社会主义基本观点融会贯通，对学生进行“灌输”。这里的灌输，早已不是传统意义上教师对学生传授知识，而应成为具有感染力、号召力，容易让人信服的教育引导。

以上都要求辅导员不仅要掌握马克思主义基本原理、党的基本理论，懂得社会学、管理学、心理健康、教育学、经济学、危机处理、职业指导等，还要能引经据典将理论融入对现实社会现象的分析中，为大学生解疑释惑，对学生的思想进行真正的引导。实际上不少政治辅导员不具备上述知识及素质。在社会转型期，无论是大学生还是高校政治辅导员，都会遇到理想信念、价值观的问题，政治辅导员若不具备一定的理论素养和较全面的知识结构，是不可能有效地解答学生的困惑的。

例如，社会贪污腐败现象，社会贫富差距问题，面对这些社会现象，有些学生不理解社会主义市场经济，此时作为思想政治工作教育者的辅导员教师要想合理解释、透析这些社会现象并最终说服学生坚定社会主义信念不动摇，就需要具有全面的知识体系。不仅很多辅导员不具有这样全面的知识体系和引导教育学生的能力，而且系统学习过思想政治教育专业的辅导员都很有限。正因为专业化水平低，也使得政治辅导员在工作中难以取得理想的效果。

（三）考评制度有待完善，法制化滞后

首先是考评指标难以确定。辅导员考核应该是对其德、能、勤、绩、廉等方面进行综合考核，涉及观察、判断、反馈、度量、组织介入以及人们的情感因素，但辅导员工作是做人的工作，主要任务是对学生进行引导、熏陶，帮助其成长成才，工作绩效难以像专业教师可以根据课时、成果等硬指标来予以体现，因此需要进一步制定科学、全面、客观反映辅导员工作量与工作业绩的考评指标。其次是考核内容上存在一定程度的“重事务管理，轻教育引导”。由于辅导员事务管理工作易于量化，教育引导工作具有一定的隐蔽性和长期性的特点，因此往往在考核内容上偏重于事务工作完成情况，对辅导员工作方向也形成不利引导。在法治化建设方面，1994 年我国实施《中华人民共和国教师法》，在法律层面确定了教师的专业地位，但自辅导员制度建立以来，我国《中华人民共和国教育法》《中华人民共和国教师法》《中华人民共和国高等教育法》等法律均未对辅导员制度进行明文规定，这使得辅导员专业化、职业化发展缺乏根本保障。

考评制度不够科学完善，法治化保障不足，加上工作量繁重，容易使辅导

员缺乏安全感，工作压力增大，产生职业倦怠。比如一位工作八年的辅导员曾将自己的状态形容为“忙、盲、茫”，“忙”指工作繁忙，“盲”指发展道路不明朗，“茫”指缺乏职业成就感、自豪感。职业倦怠会使辅导员降低工作热情，甚至不愿与学生接触，从而产生辅导员与学生关系过于权威化、自由放任化、情感淡漠化等不和谐因素。

（四）作为“人生导师”和“知心朋友”的人格魅力有待提高

辅导员的角色定位是学生的人生导师和健康成长的知心朋友。要做学生的人生导师，就要承担助推学生人生发展和指点人生迷津的重任，而这是要以丰富的社会阅历和深刻的人生经验为基础的，很多“90后”辅导员尚未进入而立之年，很多是从“学校”到“学校”，甚至在某些方面其认识程度还低于学生，“社会阅历的不足、专业理论功底的欠缺使其难以对学生人生规划进行有力指导”。此外，在很多大学生眼中，辅导员就是校园里最亲近的大哥哥大姐姐，他们很多困惑不愿与父母讲，与同龄人讲又得不到有效指导，所以他们渴望辅导员能够做可以和他们交流思想、探讨人生的“知心朋友”，但是辅导员同时扮演着教育者、管理者、服务者的角色，很难在学生面前既是知心朋友又是严格管理者，既是教师又是低姿态的服务者，并且由于学生数量增多，辅导员也难以与每位同学经常深入交流，使得辅导员在满足大学生“知心朋友”的期待上存在难度。辅导员作为人生导师和知心朋友的人格魅力不足，难以对学生进行有效的思想理论教育和价值引领，也难以获得学生足够的信任与尊重，容易产生辅导员与学生关系情感淡漠化等不和谐因素。

四、新时期高校辅导员困境形成的原因分析

高校辅导员的困境是由多种因素综合造成的，既有辅导员自身的原因，也有学校、社会以及制度设置上的因素。辅导员自身理想信念的游移在主观上造成了辅导员队伍建设的不稳定，领导和社会对辅导员角色的认识偏差以及制度设计上的不合理更是从客观上阻碍了辅导员队伍建设。

（一）职业信念游移

职业信念就是个体针对某个具体职业而形成的确信地，并且愿意以此为行动指南的观点和看法。信念，无论何时何地都是巨大的精神力量，它对个体或者群体的实践有着重要的指导作用。中国共产党的奋斗历程表明了这样一个浅显而又质朴的道理：马克思主义信仰和共产主义信念，是中国革命和建设的精

神动力，没有这样的信仰和信念，就没有凝聚力，就没有一切。正如邓小平所总结的那样："为什么我们过去能在非常困难的情况下奋斗出来，战胜千难万险使革命胜利呢？就是因为我们有理想，有马克思主义信念，有共产主义信念。"职业信念也是如此，是人们克服事业中的困难的巨大精神力量。

高校辅导员职业信念的不坚定在实际工作中表现为工作热情的消退以及无法坚守岗位，进而选择将辅导员作为职业"跳板"，不能饱含热情地终生从事该项事业。而这种现象在现实生活中是频发的，一位辅导员如实说道："在现行的制度下，没有想过将辅导员工作作为终生事业，而事实也是如此，超过十年仍然奋斗在辅导员一线工作的几乎没有。辅导员中10%左右的人会在几年之后选择辞职，这些人中有些考取了教师编制，有些读博士等。剩下大部分的在本校的辅导员会进行人事调动，调到其他行政岗位上。"

辅导员只有具有了坚定的职业信念和崇高的职业理想，才能产生强大的内趋力，以顽强的意志去战胜事业中的挑战，以坚持不懈的毅力去从事伟大的事业。高校思想政治教育就是这样一项艰巨而富有挑战的任务，工作难免会遇到许多困难，因此，唯有具有坚定的职业信念才能完成辅导员的伟大历史使命。

（二）理念认识偏差

在高校思想政治教育诸多教育主体中，辅导员同时兼具教师与干部的角色，与学生发生着最广泛、最频繁、最深刻的互动，这也是党政工团干部、思想政治理论课以及哲学社会科学教师等其他主体所无法取代的。但是在实际工作中，国家和社会重视学生的思想政治教育，停留在口号上，没有落到实处。领导或者社会上存在对辅导员工作的误解，认为辅导员工作准入门槛低，一些工作大多数人经过培训之后就能游刃有余。

这种认识的偏差体现为辅导员工作育人成才的价值被忽视。辅导员对学生春风化雨般的教育与熏陶，帮助学生形成科学的世界观和方法论，提高学生的思想道德素质，塑造学生健康完整的人格，建立和谐的人际关系等，这些都将间接促进学生成长、成才，成为学生受用一生的宝贵财富。这种忽视在实际中表现为高校重视科研发展和学校排名，忽视辅导员的发展，对辅导员的重视程度低于专业课教师等。

同时，对于辅导员工作价值的衡量和评估本身是比较困难的。辅导员对学生的思想政治教育工作是一种预防性的工作，其效果无法直接量化为数字指标，往往表现为隐性的、间接的、远期的效果。因此，不同于科研、教学，对辅导员思想政治工作教育效果很难进行评估，这也在一定程度上加剧了领导层对辅导员工作的认识偏差。

（三）制度设计欠缺

探究辅导员的现实困境需要从制度设计中去寻找根源，不完善的制度设计必然会阻碍辅导员的发展。当前高校辅导员工作热情的减退、队伍趋于不稳定、业务水平不高以及职业认同问题在很大程度上与顶层制度设计相关。这其中主要包括辅导员职责划分制度不合理、职称评定制度不科学、物质保障制度不充分。

1. 职责划分制度不合理

高校辅导员的工作涵盖九大类，二十余项内容，而且有综合高校教学和管理“零余”之嫌，工作任务不可谓不重，工作强度不可谓不大。诚然，日常事务管理、就业指导等工作富有一定的思想政治教育功能，但不宜“喧宾夺主”，占据辅导员大量时间、耗费辅导员大量精力。工作职责划分的不合理使辅导员背负了沉重的压力，引发了一系列问题，应当完善辅导员与其他职能部门的职责划分制度，帮助辅导员“减负”。

2. 职称评定制度不科学

辅导员“双线晋升机制”在实际操作中的效果并不乐观，教育部 24 号令规定高校应成立专职辅导员专业技术职务聘任委员会，具体负责职务聘任工作。一些高校已经出台相关规定，例如黑龙江大学、兰州大学对专职辅导员申报助教、讲师、副教授、教授职称的工作年限、资历学历、教育教学工作、工作业绩、科研业绩等做了较为详细的规定。但是从整体来看，高校职称评定制度还不够完善，主要体现在以下两方面。首先，针对高校辅导员的职务聘任委员会并未普遍成立，部分高校的辅导员职务聘任工作由学生工作部或者社会科学处等部门执行。其次，评定细则并未真正摆脱“重科研、轻教育”之嫌。

例如，在《黑龙江大学专职辅导员专业技术职务聘任条例》副教授的任职条件中，教育教学工作的要求是卓有成效地指导过学生社会实践活动、经常性开展学生心理咨询和谈话等，而对于科研业绩的要求是独立或第一作者在省级以上刊物发表研究论文 4 篇以上，其中 C 类以上和核心期刊论文至少 1 篇，主持并完成厅局级研究课题 1 项等。“卓有成效”“经常性”等含糊其词的说法在一定程度上给申请者一种暗示，即教学工作的要求是灵活的、可协商的，而科研要求则是“明码标价”的。

3. 物质保障制度不充分

切实保障高校辅导员的物质利益，能够消除高校辅导员的后顾之忧，为高校辅导员全身心投入大学生思想政治教育提供巨大的物质推动力。高校要根据辅导员的工作特点，在岗位津贴、办公条件、经费等方面制定相关政策，将辅导员的岗位津贴等纳入学校内部分配体系统筹，确保辅导员的实际收入与本校专任教师的平均收入水平相当。但是实际情况并非如此，辅导员的工资收入基数小、增长缓，不及专任教师的平均水平。

第二节　高校辅导员队伍专业化、职业化理念

一、辅导员专业化、职业化的角色定位

辅导员作为与学生接触的一线教师，需要直接参与与协调方方面面的学生工作。这些工作包括思想政治教育工作、宿舍管理、职业规划、学生的安全稳定、帮困助学等。由此可见，高校辅导员在学生工作中发挥着不可或缺的主导作用，可以保证学生工作顺利开展，学生工作离不开辅导员的统筹、指挥、协调。

目前来看，学生思想问题的解惑者是辅导员的主要角色，学生心理问题的疏导者是第二角色，学生生活与学习上的指导者是第三角色，学生教育管理的指导者是第四角色。解释来说高校辅导员就是负责学生的思想教育工作、心理教育工作，对学生的学习与生活给予足够的关心，竭尽所能地解决学生遇到的困难。辅导员对学生的熟悉与了解程度要比其他教师高出很多，所以在为即将毕业的学生进行就业指导与职业引导时更加得心应手，事半功倍，因此，让高校辅导员来担任此项工作更为恰当。职业规划这一重要工作并不是在学生即将毕业时才做的，辅导员根据每个学生所处的不同阶段，引领学生进行自我定位和参与职业规划，这比面试技巧培训和心理辅导具有更深的层次。

此外，高校辅导员也同样扮演着学生的良师益友与榜样的角色，在学生中具备良好的形象有利于工作的开展。在大学期间，学生除了需要教师之外，还需要朋友，这样才能够有更多的交流，通过交流能够让学生的生活更加积极阳光。辅导员在做好教师工作的同时，还需要成为学生的知心朋友，保证学生有健康的学习心态并健康成长。

辅导员的作用能否得到良好的发挥，辅导员与学生能否保持良好的亦师亦友的关系，这都取决于如何使工作方法上的创新与优良的传统有机结合。亦师

亦友的良好状态，可以使得教育教学取得良好的效果。如何与学生建立、培养这样的关系是目前高校考察辅导员的能力的重要标准之一，这种能力主要体现在以下三个方面。

一是为有困难的学生提供帮助的能力。大学生除了在心理上、思想上存在着一些问题，还会在生活上面临困难，尤其是对于一些出身困难家庭的学生而言。他们处在新的生活环境中，往往会受到外界的影响，特别是在生活困难的情况下，他们很难有足够的勇气融入学校这样一个大家庭当中。与此同时，受生活条件的影响，他们难以获得良好的物质保障，可能会影响到日常的学习与生活。

二是倾听学生、爱护学生的能力。辅导员在开展工作的过程中，要学会爱学生，并积极倾听学生的心声。成为学生的好朋友、真正地热爱这份工作、真正地爱学生、与学生成为朋友是辅导员的基本素养与基本能力。与学生缺乏交流并且无法融入学生之中，想要顺利地开展工作是困难的。学生们来自五湖四海，文化教育有所差异，这也就意味着这份工作充满着复杂性，因此，辅导员对这份工作具有极高的热情，不计得失、不辞劳苦地融入学生中去，了解学生的想法，提高自身在学生中的亲和力，与学生打成一片，成为良师益友，会为工作的开展带来很多便利。

三是与学生打成一片、了解学生的能力。辅导员在开展日常工作方面，需要融入学生当中，这样才能够与学生有共同的语言，从而成为学生的朋友。辅导员还需要具备良好的语言和文字表达能力、调查研究能力、组织能力等，并对学生管理教育工作的基本知识、方法和规律都有所了解，并且时时掌握学生的心理和思想特征。辅导员需要具备高度的责任感，管理好学生的日常事务，做好学生的思想工作，与学生及时沟通，想学生之所想。只有这样，对学生的思想与心理动态才能及时了解，才能够采取行之有效的辅导方式，为学生创造良好的学习与生活条件。

由此，作为辅导员需要及时为学生提供帮助，尤其是要在辅导工作当中及时了解学生在生活方面存在的困难，并积极采取合理的方法帮助解决，努力成为学生当中的榜样。虽然目前社会价值取向多元化和信息多元化，但是每个人也还是会有自己的榜样的，特别是在大学期间，学生往往会从身边的教师或同学当中寻找榜样，一个勤奋做好学生工作、具备丰富学识、拥有人格魅力的辅导员，是可以成为学生的榜样的。一个想要成为学生榜样的辅导员，不但要引导学生做好自我的职业规划，还要爱学生并为学生提供温情的服务。为了在政治教育方面能够给学生带来正确的观点与方向，辅导员需要具有较高的政治鉴别力、政治洞察力、政治敏锐性，较强的法制观念，坚定的政治品格，并且认真贯彻党的方针。与此同时，身为辅导员，还需要为人师表、以身作则、廉洁、公正、谦虚、诚实、品行端正。

除此之外，为了通过多方面的交流引领学生树立一种正确的世界观与人生观，作为一名辅导员需要对现代知识做到全方位的掌握，融入当代社会与学生之中。也就是说辅导员应首先成为现代教育的行家、心理调节的医生、教育改革的倡导者、终身学习的示范者。辅导员必须要时刻严格要求自己，积极成为学生的榜样力量，为学生做好表率，让学生积极按照辅导员的要求以及良好行为而进行学习与生活，成为对社会有用的人才。

二、辅导员专业化、职业化的具体要求

辅导员职业化、专业化机制要求辅导员不断提高自身职业能力与专业水平，从而更好地提高自身的辅导工作水平。

（一）辅导员职业化具体要求

职业化一词在辅导员这一职业中是指，从事该行业的人员应该经过辅导员相关方面的培训与教育培养，从而掌握对学生进行思想政治教育的方法，掌握学生管理事务的专业技能与理论知识，令辅导员这一职业成为一个可以长久从事的职业。辅导员工作的职业化有以下四方面要求。

一是为了让广大从业人员认识到该职业的发展前景，提升工作积极性，高校人事部门需要设计一个辅导员考核、任职、晋升的制度改革体系，通过明文规定来确定该职业是长期稳定发展并可从事终身的职业。

二是辅导员从业人员只有在经历一系列的严格的培训和专业学习后，达到从业标准才可以正式上岗。

三是加强辅导员从业人员的职业生涯规划的指导，使其发展渠道得到拓宽，使其发展空间得到拓展。从一定的专业方向出发，对辅导员从业人员进行培养，同时还要促进与确保工作职责的有效履行。

四是对辅导员从业人员的培训与再教育要进行规范化管理，各个高等教育学校要依据当代大学生思想政治教育的需求以及高校发展的需要，采取优胜劣汰的原则，通过定期的考核方式，对不合格的辅导员进行淘汰。

（二）辅导员专业化具体要求

这一方面主要是就辅导员从业人员应该具备的职业技能与专业素养来说

的，这一工作不是说任何单位的工作人员、任何毕业生都能够从事的，这个岗位自成专业体系，要求从业人员有着综合技能与多门专业知识，主要包括社团组织、社交礼仪、人际关系、就业指导、心理咨询、管理学、教育学、心理学、思想政治教育。辅导员从业人员只有在经历一系列的严格的培训和专业学习后，达到从业标准才可以正式上岗。高校辅导员应清楚地认识到困扰学生的问题，做到深入理解学生所遇到的困难，结合自己的经验、技能、知识提供给学生相应的帮助和引导。高校辅导员从业人员的无可替代性与专业化，是让从业人员心甘情愿地履行职业义务的保证。高校辅导员这一工作的专业化也可以通过实际的教学工作来体现，需要为学生讲解专业的知识，包括思想政治教育、人际关系处理等，这些都需要具备较高的专业能力。辅导员需要在这些方面不断进行提升，以此来不断提高个人的专业化水平。

辅导员工作的专业化还要求高校辅导员从业人员具备一定的科学研究能力。传统的教育思维认为，高校辅导员这一项工作的开展仅仅是依靠相关的工作经验和人格，较高的理论水准在这一行业是不被需要的。这种传统的、落后的教育思维不但阻碍了高校辅导员队伍的整体发展，也阻碍了从业人员职业能力素养、探索新方法能力的提高。

由此，辅导员工作的专业化迫切地要求高校辅导员从业人员积极地投入科研工作的开展之中，持续推动学生思想政治教育的创新，帮助学生更好地顺应时代发展的要求。在这一方面，辅导员还需要对调查研究给予足够的认识，对思想教育工作中面临的新问题、新情况进行分析和解决，可以采取通过每年发表一篇及一篇以上关于学生工作的论文或者是调查报告，对学生工作新经验每一年都要有所总结的方式来进行。采取这些方法能够有效地提高辅导员从业人员的教育科研能力，使其积极投身于科研工作，确保辅导员工作的专业化能够与时代要求相符，从而为学校教育事业的发展提供保障。

三、辅导员专业化、职业化的具体目标

（一）职业化目标

1. 职业化目标建设的提出

随着全球化的不断深入，大学生的生活环境发生巨大变化，受到各种文化思潮的巨大冲击。在我国改革开放深入推进的背景下，涌现了一些社会的深层

次矛盾，这些都对大学生的思想观念和价值理念产生了一定程度的影响。

辅导员队伍是高校教师队伍的重要组成部分，是开展高校思想政治工作的中坚力量，是大学生日常教育与管理工作的组织者和引导者。高校的辅导员队伍应明确职业化的建设目标，建设好思想政治教育队伍，为社会主义事业培养优秀的接班人。

辅导员队伍职业化建设就是建立职业化的辅导员制度和管理体系，进行职业化的培训。职业化培训的内容主要包括职业化行为规范、职业化素养以及职业化职能。高校辅导员队伍的职业化建设是辅导员队伍建设的必由之路，是专业化和专家化建设的重要条件。

2. 职业化目标建设的内容

①高校的辅导员必须接受过专业系统的学习，经过职业培训并达到辅导员的基本职业要求。

②高校应进行辅导员制度改革，推行辅导员职业资格认证制度，为辅导员队伍设置专门的职位、聘用、考核、晋升等职业通道，以激发辅导员的工作热情。

③根据高校的实际需要，对辅导员进行定期的职业化培训，并进行定期考核和淘汰。

④帮助辅导员规划职业生涯，要让辅导员认清辅导员工作是可以终身任职的工作，还要拓宽辅导员的发展空间，在做好辅导员工作的同时，让辅导员进行就业指导、心理咨询等方面的继续学习，使辅导员更有发展前景。

（二）专业化目标

1. 专业化目标建设的提出

一般来说，辅导员队伍的日常工作应包括学风建设与学业指导、思想政治教育与指导、党团工作、日常管理工作、班级建设工作、心理健康教育与指导、职业规划与就业指导等。但从当今现实情况来看，高校辅导员就像一块砖，哪里需要往哪里搬，充当大学生的“全职保姆”，主要担任学生的日常教育与管理工作。目前这一现状是错误的，应实现辅导员的专业化建设，做到辅导员工作的专业化。

辅导员的专业化建设在职业化建设与专家化建设的过程中起到承上启下的作用，专业化建设不仅是辅导员职业化建设的升华，还是辅导员专家化建设的前提。因此，高校应思考如何进行辅导员的专业化建设，如何使辅导员队伍成为高校的专业全体。

2. 专业化目标建设的内容

辅导员队伍专业化建设就是要做到"术业专攻"，让辅导员队伍有一定的专职工作人员，有科学合理的工作安排。大学生辅导员队伍专业化目标建设的内容主要包括以下几方面。

①高校辅导员应具有专业化的理论思维。高校辅导员的工作内容具有一定的专业性、理论性和科学性，这就要求辅导员应掌握相关的理论思想，能从专业化的角度开展工作。

②高校辅导员应具有专业化的知识结构。思想政治教育是高校辅导员队伍工作的重要内容，因此辅导员应具有扎实的思想政治理论基础，还要掌握教育学、心理学、管理学等方面的知识。

③高校辅导员应具有专业化的工作技能。辅导员不仅要掌握相关知识，具有专业思维，更要有专业化的教育能力、管理能力、组织能力、科研能力，能做好辅导员的各项工作。

第三节 高校辅导员队伍建设的举措或者途径

一、高校辅导员队伍建设的定位

（一）高校辅导员队伍建设的应然定位

1. 学生教育的骨干力量

辅导员本身就是教师。但辅导员与教师存在一定的不同之处，即教学内容和教育场所不同。辅导员有对学生进行教育与管理的职责，因此辅导员对学生有较为深入的接触，了解学生的个性特点，能根据学生的情况进行因材施教。由于学生对辅导员也较为了解，辅导员更应做好榜样，在潜移默化中影响学生，使学生养成良好的道德品质。

辅导员工作与行政事务工作不同，也与一般的教学工作不同。辅导员作为大学生教育的骨干力量，应努力做到全身心投入工作，有工作热情，对学生充满感情。高校辅导员工作的对象是处于青年时期的大学生，因此，辅导员要掌握大学生的身心发展规律，关心和爱护学生，以平等的姿态接受学生，与学生建立良好的师生关系。只有这样才能更好地对学生进行教育与指导工作。高校辅导员要反思和总结工作经验，遵循教育规律，以提高教育质量。高校应为辅导员队伍建设提供良好的条件，努力打造一支学习型和研究型的辅导员队伍，为学生提供更好的教育。

2. 学生管理的骨干力量

高校应将辅导员队伍作为选拔和培养后备干部的重要来源。从现实来看，许多高校也是这样操作的，有许多行政和管理方面的重要岗位人员都是从辅导员队伍选拔和培养出来的。从高校的管理和发展来看，辅导员应成为高校管理的重要力量。在辅导员的工作中，他们几乎与学校各部门都有联系。辅导员工作在学校管理的前线，有丰富的管理经验。辅导员既是学校行政、教学以及科研等方面的管理者，还是学生学习和生活的管理者。因此，辅导员应积极提升自己，成为学生管理的骨干力量。

3. 学生成才的人生导师

青年是祖国和民族的未来和希望，辅导员应担负起培养大学生的重任，成为学生的人生导师，将学生的人生理想、人生信念与社会主义信念结合起来，引导学生树立正确的价值观念，正确面对人生中的重大问题，认清人生发展的正确道路，勇于面对艰难险阻，能经受住各种考验，为国家建设做贡献。

具体来说，辅导员的人格魅力主要包括以下几个方面。

①有正确的价值观念和积极向上的人生态度。大学生容易受到外部环境的影响。高校辅导员不仅对学生进行思想教育与指导工作，还要有端正的人生态度，用自身的优秀品质去潜移默化地影响学生，成为学生积极向上的表率。辅导员要注意培养学生形成正确的价值观念和端正的人生态度。

②具备知识素养。这里所说的知识素养不仅包括与工作相关的专业知识和技能，还包括自己的人生见解、人生阅历和社会生活知识，从科学的角度看待事物，能对事物做出客观、科学的判断。辅导员应充分利用自己的知识素养对学生进行教育，培养学生追求真理的意识。

③具备感染力和亲和力，善于与学生沟通。辅导员只有具备一定的感染力，才能更好地取得学生的信任，才能对学生产生影响，从而取得教育实效。辅导员只有具备一定的亲和力，才能消除沟通障碍，与学生进行良好的沟通。辅导员要想学生积极与自己分享生活体验，从而引导学生向更好的人生发展，就要让学生产生信任感和亲切感。

4. 学生成长的知心朋友

大学生具有鲜明的个性，辅导员只有成为学生的知心朋友，才能真正引导和影响学生。辅导员应放下身份，以平等的姿态与学生交往，以朋友的态度去关心学生，了解学生的所思所想、所作所为，确定关心的内容与方式，从而建立与巩固师生之间的朋友关系。辅导员应做到以下几点。

（1）尊重和平等对待学生

大学生身心发展较为成熟，思维活跃，渴望得到尊重和关爱。在以往的学生教育与管理工作中，一些辅导员单纯将学生看作被管理者，使得学生对辅导员反感，不愿意与辅导员进行沟通交流。

辅导员应转变过去的观念，做到尊重每一位学生，将学生放到与自己平等的位置。只有与学生建立平等的师生关系，才能赢得学生的尊重与信任。一个优秀的辅导员，往往能够重视学生的主体作用，与学生进行平等的沟通，这就为大学生健康成长创造了良好的外部环境。

（2）关爱学生，为学生解决问题

辅导员的主要工作就是对学生进行教育与指导，因此辅导员应关心每一位学生，从生活的细微入手，了解学生的实际情况，解决学生的实际问题。当学生遇到问题时，要及时帮助他们解决问题，甘当办事员。辅导员在帮助学生排忧解难的过程中，与学生之间的友情便会慢慢地催生。

（3）走进学生，与学生建立良好的关系

辅导员要想做好大学生教育与指导工作，就必须尊重学生、走进学生，主动与学生进行深入交流，了解学生的所思所想，解决学生的实际问题，成为学生成长的知心朋友。需要特别提出的是，辅导员要相信学生的能力，放手让学生自己处理一些问题。有些问题则需要运用学生集体的力量。

5. 维护高校稳定的主力军

高校辅导员工作在教育管理工作的前线，是大学生教育活动的组织者和实施者，负责大学生的思想政治教育、心理健康教育、社会实践、就业指导等方面的工作。辅导员的言传身教能对大学生产生深远的影响，辅导员的人格修养、思想境界能对学生产生潜移默化的影响。高校要充分认识到辅导员队伍建设的重要性，实现辅导员队伍的职业化、专业化以及专家化建设，将辅导员队伍打造成一支高素质、作风正的队伍。

（二）高校辅导员队伍定位存在的问题

为了加强高校思想政治教育，国家相继出台了一系列文件，对辅导员给予了前所未有的关注与期待。但是在高校的实际工作中，辅导员却没有得到足够的重视，这在一定程度上影响了高校人才培养目标的实现。

1. 学生事务的管理者

目前，高校辅导员被简单地认为是学生日常事务的管理者。辅导员的主要工作对象是学生，学生从学习到生活，其方方面面都需要辅导员进行管理。这一现象使得许多人认为辅导员是一份没有专业含量的工作，实际上就像学生的“全职保姆”，院校的“勤务部”。高校辅导员的工作量较大，且较为繁杂，导致辅导员难以与学生进行沟通，不能进行思想政治教育工作，成了学生日常事务的管理者。

2. 自身职业认同感差

虽然大多数辅导员都能做到尽职尽责，但一些辅导员存在自身职业认同感差的情况，认为辅导员工作流动性强、发展道路较窄，工作难以获得成就感。在高职院校内部，重学术轻管理的现象较为普遍，辅导员的社会地位不高、社会吸引力较弱，而辅导员的工作责任重大，使得辅导员存在压力，工作中经常处于紧张状态。辅导员没有认识到辅导员工作是一项可以终身从事的事业，也有许多辅导员不愿意终身从事辅导员工作，认为辅导员工作职业寿命短、队伍流动性大。

（三）高校辅导员队伍定位问题的原因

1. 工作体系不健全

高校尚未形成科学完善的辅导员工作体系，辅导员没有专门的职业通道，工作职责不明确，使得辅导员处于院校管理体系中的底层部分，许多非本职工作都交给辅导员去完成，大量繁杂的事务影响了辅导员本职工作的完成，对学生的思想政治方面的教育投入不足。

2. 缺乏长期发展规划

大部分高校都没有足够重视辅导员队伍建设的重要性，没有将辅导员工作纳入长期规划，更没有形成辅导员队伍的良性发展机制，导致辅导员的工作思想不够稳定，没有明确的发展前景，缺乏对工作的长远考虑。高校对辅导员教研工作的重视程度不足，没有基于足够的支持，辅导员自身的研究意识也较差，研究成果不突出，难以指导辅导员的实际工作，推动辅导员队伍的专业化建设任重道远。此外，辅导员队伍的年龄结构较为单一，绝大多数都是年轻教师，没有丰富的工作经验，在工作中积累的有效经验未能很好地实施。

3. 专业素质有待提高

高校辅导员队伍的专业素质不一，存在知识结构不完善和专业素养有待提高的现象。许多辅导员的知识结构较为单一，即使接受过系统的思想政治教育，有教育学、心理学、社会学、管理学等方面的基础知识，但缺乏日常教育与管理工作的方法，导致辅导员难以对学生的问题进行科学的分析与指导。

二、高校辅导员队伍建设的影响因素

（一）思想观念

1. 指导思想

一支队伍的建设状况与队伍建设的指导思想有着密切的关系，好的指导思想是一支队伍的建设基础，指导思想的正确与否关系着队伍建设的成败得失。

（1）人的全面发展方面

马克思关于人的全面发展理论是在批判和继承吸收了黑格尔“绝对观念”和“感性直观的现实的人”等主体概念后，以感性活动着的“现实的个人”为出发点提出的。人的全面发展就是人作为一个“完整的人”，占有自己的全面的本质。马克思在其著作中还多次强调全体社会成员的智力和体力在社会生产过程中都应获得充分自由的、多方面的协调发展，使人们成为“各方面都有能力的人，即能通晓整个生产关系的人”。以此为依据，一个人的全面发展不仅要依靠生产力的全面发展，还要依赖于精神文明建设。精神文明建设包括两个方面，即思想道德建设、教育科学文化建设。思想道德建设，就是要使人确立科学的世界观、树立远大的理想。这里的世界观就是马克思主义的世界观，这里的理想就是共产主义的理想。在此基础上，使人向“善”的方向发展，即使人具有高尚的道德情操。高尚的道德情操不是抽象的，而是具体的。可见思想政治教育是人全面发展的一个重要环节，加强思想政治教育也是人全面发展的需求。

辅导员队伍作为高校德育工作的第一线的组织者和工作者，培养全面发展的社会主义事业建设者是他们的长期目标，也是他们的基本职责，他们整体水平的高低对高校广大学生思想道德教育有着直接的影响。建设一支优秀的、高素质的辅导员队伍有利于学生思想道德建设，有利于学生的全面发展。

（2）道德教育

教育的目的有两个部分，即选择的目的和道德的目的。前者是指与学生将来选择职业有关的目的，是他们将来某些时候按照他们的心向或多或少会遇到的目的；后者则是一个人将来不管从事任何活动都必须具备的完美的道德品格。这也构成了道德教育理论的主要观点和内容。

道德教育就是要求站在“以人为本”的立场上，以关注人的心灵成长为出发点和归宿点，通过教学与实践等活动将人培养为具有完美的品德的人。其内容主要包括政治教育、思想教育、道德教育、法制教育和心理教育，是指教育者按照一定的社会要求，有目的、有计划、有组织地对受教育者进行系统的教育，通过教育者和受教育者双方在实践活动中的互动，把一定的政治准则、思想观点、道德规范和心理要求，内化为受教育者个体的政治素质、思想素质、法纪素质和心理素质的教育，从而为社会主义现代化建设培养大批德、智、体、美、劳诸方面和谐发展的人。道德教育的意义就在于其决定着教育的本质，为其他教育指明方向和提供动力。道德教育理论指出，学生道德水平的提高不仅要依靠学校教师的教学，还要依赖辅导员对其的日常的影响和教育。辅导员通过自身直接示范作用和榜样作用可以激励学生去效仿，可以有效地改善自身的不良行为。辅导员通过交流可以帮助学生更好地认识自己，更好地让学生全面发展。加强辅导员队伍建设对学生“完美品德”和科学道德观的形成有着重要的意义。

综上所述，我们可以了解，辅导员对于高校广大学生在人的全面发展和“完美品德”的形成方面有着重要的意义，辅导员队伍是高校德育工作开展的重要力量，只有充分认识到辅导员队伍在高校德育建设中的重要地位，才能制定好的指导思想来促进辅导员队伍的整体建设。

2. 传统教育观念

高校工作，广义地说就是以学生为中心来开展工作，高校中任何与学生相关的工作都属于这个范畴。狭义的高校工作可以分为三方面的工作，即教学工作、科研工作以及学生管理工作。由于传统应试教育的影响，学校教育往往只注重学生的智育发展，而忽视了学生的德育培养，以至于现在高校中存在着轻视学生工作的问题。这些人认为只有教学和科研工作是要花大力气的，是学校工作的重心所在，至于学生工作则重视程度不够，关心不足。

例如，当某班级在考试或者科技竞赛中取得优异成绩的时候，学校会毫不犹豫地对代课教师进行奖励，以表彰其对学校做出的贡献，但对于辅导员花大量时间营造的班级浓厚的学习风气不重视。这样就导致广大学生工作者颇有失落感，也使得高校德育工作的效果欠佳。高校管理者要摆脱传统教育思想的束缚，树立科学的教育观念，这样才能真正认识辅导员队伍建设的重要性，才能更好地调动辅导员的积极性、主动性、创造性，更好地为高校德育教育服务。

（二）管理方式

哲学认为管理就是集中人的脑力和体力达到预期目的的活动，也就是在某一特定的环境下对组织所拥有的资源进行有效的计划、组织、领导和控制，以便实现既定的组织目标的过程。其包含如下几层含义：管理是服务于组织目标实现的一项有意识、有目的的活动；管理的过程是由一系列相互关联、连续进行的工作活动构成的；好的管理是组织正常运转，并最终完成组织任务的根本条件，是提高工作绩效的最主要手段。辅导员队伍的管理对辅导员队伍的建设有着重要的保障意义。目前，辅导员队伍建设存在的一些实际问题都和辅导员队伍的管理方式不合理有着一定的联系。

1. 辅导员的选拔任用

辅导员队伍的整体素质水平要提高，靠的就是高素质专业人才。招聘在高素质人才的选拔上有着重要的作用。据调研，有些高校是没有促进学生工作制度化规范化以及提高辅导员工作队伍素质的政策的。很多高校在选聘辅导员前都没有细心深入地分析思想政治辅导员在学校中的角色、作用，因此也就未能在选聘过程中考察他们相应的一些素质。

同时辅导员的选聘标准过于笼统，操作不够细化，在选拔过程中，各考官对选聘标准的理解不一，评分工作大多依靠的是考官对于考生的整体主观印象，这给选聘工作带来了一定的难度。这样的后果就是在工作中部分辅导员不能适应学校的组织文化和发展需要，甚至从心理上加以抵制，严重影响了工作的开展，造成了“人与组织”不匹配的状况，使得他们难以全身心地投入工作。

2. 辅导员的日常管理

（1）管理模式

辅导员日常管理方式直接关系到辅导员的工作开展情况和工作质量。据调研，目前对于辅导员的管理大多采用“校、院（系）双重管理模式”。这种管理模式表面上看是学校各部门都对学生工作齐抓共管，但实际上造成辅导员在工作中要听命于任何一个部门的领导。辅导员工作职责的不明确使得他们要频繁地应对各种比赛、检查评比和阶段性工作，导致其本职工作——学生思想政治教育难以有效的开展。

（2）管理定位

有些学校对于辅导员的定位过于极端，导致辅导员的工作难以合理地开展。根据思想政治教育的规律，单纯地进行思想政治教育，对学生讲大道理所取得的效果是不太理想的。只有将思想政治教育工作渗透到平时的一些学生工作中，才是一个进行思想政治教育的有效办法。

综上所述，如何科学地对辅导员进行日常管理已经成了辅导员工作成效的关键。

3. 辅导员的职称评定

加强辅导员的职称评定对于提高辅导员的工作积极性有着一定作用。目前，辅导员队伍整体职称水平偏低主要由外因和内因造成。外因是在职称评定标准上，辅导员与专业教师标准相同，但是由于辅导员工作的特殊性，他们在科研、学术、教学上难以达到同级别教师的水平，这也导致在职称评定方面辅导员处于弱势；内因是一些辅导员的工作热情不高，将辅导员这一岗位当作临时的跳板，难以长期地从事本职工作。很多辅导员工作三四年就已经是“老辅导员”了，辅导员工作队伍不稳定，很多辅导员在获得高级职称后都转岗到其他岗位，这也是辅导员整体职称水平偏低的一个主要原因。所以，加强辅导员职称评定有利于辅导员工作积极性的提高，有利于队伍的长期稳定。

三、高校辅导员现代转型的要素分析

高校辅导员的现代转型不是一个单一、片面的简单过程，是辅导员个体要素现代转型和队伍结构现代转型的结合，是诸多要素相互联系、相互影响的整体性过程。高校辅导员的现代转型包括两个向度：一是传统型辅导员向现代型辅导员转变的过程；二是现代型辅导员的深化发展过程。在这个过程中既有对过去不良因素的消除，又有基于过去良好基础的补充和发展。

（一）高校辅导员个体要素的现代转型

高校辅导员本身就是一个系统，是由若干彼此独立又相互联系的要素组成的，辅导员的现代转型实际上就是这些要素的现代转型。高校辅导员的现代转型首先是理念的转变，它是整个系统现代转型的先决条件，能力的提升是辅导员现代转型的中心内容，是辅导员综合能力的全面提高，角色的转换是在与受教育者互动过程中的直接呈现。

1. 理念的转变

相对于传统的理念，现代型辅导员必须转变为开放、发展、多元的理念。简单来说，理念就是人的看法和思维，它表征着高校辅导员对待自我和对待学生的认识和态度，渗透在思想政治工作的内容、方式、活动等各个方面。开放的理念是对全球化趋势和现代化建设的回应，要破除传统思想政治教育局限于学校、教室、课本的弊端，将思想政治教育渗透在一切可以利用的社会生活中。发展的理念要求辅导员用发展的眼光去看待自身、学生、思想政治教育以及社会。多元的理念旨在回应学生个性化和社会的多样化，打破思想政治教育的单一性和模式化。

高校辅导员的理念转变是一个循序渐进的过程，无法在短时间之内完成，是在不断地实践和适应社会变化的过程中树立的。早在 20 世纪 80 年代，在适应中国经济快速发展而进行的政治体制改革中，邓小平就提出了对于干部的培养要做到“四化”，即革命化、年轻化、知识化、专业化，这样才能始终保持党和国家的活力。随着社会的发展，传统高校辅导员勉强适应现代社会条件下的思想政治教育，国家适时提出辅导员职业化与专业化正是高校辅导员现代转型的重要指导，是现代思想政治教育及其实践活动充满活力的重要保障。传统高校辅导员过分强调政治性，注重单向的理论灌输，注重意识形态的控制，由此造成了脱离群众、脱离实际的后果，这也是其难以适应现代化发展的主要原因。因此，高校辅导员的现代转型就是以当下实际情况为基础，结合人民群众的利益，适应现代社会发展的新需要而进行的自我完善和发展的过程。

2. 能力的提升

除了传统的高校辅导员所具备的组织管理能力、语言和文字表达能力、教育引导能力、运用现代化手段的能力等之外，现代型高校辅导员还必须具备独立科研能力、评估受教育者思想状况和需求能力、舆情研判能力以及网络运用能力。

（1）独立科研能力

独立的科研能力要求辅导员在掌握马克思主义以及思想政治教育基本理论的基础之上，在解决思想政治教育的实际问题的过程中，运用科学的思维方法对经验进行归纳和总结，得出正确的结论，并及时上升为理论，促进思想政治教育理论的新发展，用以指导实践。唯其如此，辅导员才能适应纷繁复杂的社会变化趋势。

（2）评估受教育者思想状况和需求能力

全面掌握受教育者的思想状况、精确了解受教育者的物质和精神需求，是高校辅导员选择正确的教育方法、载体、内容的前提条件，也是预测受教育者发展趋势和适应受教育者个性化发展的必然要求。高校辅导员只有掌握了学生的思想状况和需求，才能对症下药，有针对性地解决实际问题。

（3）舆情研判能力

舆情研判能力是辅导员对于舆情信息（包括网络和现实）进行追踪、搜集、总结和发掘，在此基础上对舆情及其背后事件的发展趋势做出全面性预判的能力。这是辅导员预防危机事件发生、及时引导大学生正确发展的关键性能力，也是真正做好“坚持巩固壮大主流思想舆论，弘扬主旋律，传播正能量，激发全社会团结奋进的强大力量”的必要技能。

（4）网络运用能力

网络运用能力要求高校辅导员除了运用网络共享、多媒体、虚拟技术等实现思想政治工作办公自动化，还要熟悉和掌握现代大学生常用的微信、微博以及直播平台等网络社交平台，创新利用这些网络社交平台进行思想政治教育，抢占思想政治教育网络阵地。《普通高等学校辅导员培训规划（2013-2017 年）》已经明确将网络能力培训纳入辅导员职业能力培养中，以提高辅导员开展网上教育、管理、服务及网络引导能力。

能力结构是高校辅导员组成部分的软件，是辅导员现代转型的中心环节，是辅导员履行职责的必要条件。高校辅导员能力的现代转型有别于理念的现代转型，不是对过去不良因素的消弭，而是对于过去能力的发展，是针对变化发展的社会不断丰富自己的能力体系。

3. 角色的转换

高校辅导员的角色转换是理念转变和能力提升的外在表现，体现在与受教育者的互动活动之中。角色定位的正确与否需要接受时代和实践的检验，在当下的思想政治教育环境中，高校辅导员需要做出四个方面的角色转换。

（1）从权威角色向中立角色转换

我国历来都有师道尊严的传统，教师被推崇到与天地、君亲同等的地位。《礼记·学记》有云：“凡学之道，严师为难。师严然后道尊，道尊然后民知敬学。”教师的权威角色有利于理论知识的灌输，有利于教学活动的管理，但也无形中湮灭了学生的创造性。现在学术界比较认同的是教师和学生的平等互动关系，强调发挥教育者的主导性和受教育者的主体性，受教育者主体性的发挥有利于思想道德由内化向外化的发展，并且在教育过程中给予教育者更多的反馈。但是，平等互动的关系是一种理想状态，最起码在目前的教育教学中还没有完全地实现。教育者主导性凌驾于受教育者主体性之上、受教育者主体性发挥不完全等现象仍时有发生。辅导员的中立角色除了表现为双主体互动过程中的平等的人格尊严，还体现在辅导员对受教育者群体不做带有个人色彩的价值评判。

（2）从教导者角色向引导者角色转换

当下大学生群体乐于接受新事物，但是新事物并非都是符合社会发展要求的，这需要接受者自己去甄别、筛选，受教育者往往很难独立完成这一工作。一般而言，高校辅导员相比较于受教育者而言，具备更加丰富的理论知识、方法技巧、人生经验以及明辨是非的能力。所以，受教育者需要教育者予以一定的帮助。但是教导者角色带有明确的指向性，对于走向何方、如何达成等问题有确切说明，不利于受教育者思考，甚至会引发受教育者的抵触情绪和逆反心理。所以，高校辅导员要更多地扮演好“引路人”的角色，用科学的方法、扎实的理论知识通过暗示、启发的方式去引导受教育者自己感悟，进而帮助受教育者完成对新事物的认知、认同和践行。正如习近平同志多次强调的，广大教师要做学生锤炼品格的引路人，做学生学习知识的引路人，做学生创新思维的引路人，做学生奉献祖国的引路人。

（3）从呼喊者角色向示范者角色转换

道德确实需要呼喊，高校辅导员需要发挥“传声筒”的作用，向学生传播更多正确的思想观念和价值取向。但是，比呼喊更重要的是以身作则，发挥率先垂范的作用。美国著名心理学家班杜拉认为大多数人的行为是通过对榜样的观察而获得的，榜样表现出观察者原本不具备的新的思维模式和行为模式，通过观察，观察者也能形成同样形式的思维和行为。高校辅导员作为一个可信任的榜样群体，会强化榜样的示范效果，在教育过程中慢慢影响和改变学生的观念和行为。反之，“其身不正，虽令不从”，辅导员个人作风不良、学术造假等不仅摧毁了高校辅导员的光辉形象，影响辅导员育人的说服力，而且可能会引起学生的恶性模仿，从而严重削弱了思想政治教育的有效性。

（4）从管理者角色向教学、服务、研究“三位一体”复合角色转换

这一转变体现了：其一，弱化管理者角色，突出服务者角色，强调“学生本位”的教育理念；其二，突出辅导员科学研究者的角色。思想政治教育学科的发展依赖于思想政治教育者的不断实践和理论研究，实践是理论的来源，是理论发展的动力，是检验认识正确与否的唯一标准，反过来，一切实践的最终含义就是超越实践本身，理论在实际中指导并超越实践。高校辅导员的管理、

教学和研究工作是密切关联、相辅相成的。首先，辅导员长期工作在最前线，与学生有着广泛、密切、频繁的沟通和交流，因而积累了丰富的教学经验和管理经验，这些实践经验对于研究思想政治教育的基本规律和原理，检验和发展思想政治教育理论具有重要意义。其次，研究产生的丰富理论通过论证和推广，可以指导思想政治教育的管理和教学实践，帮助高校辅导员科学有效地组织思想政治教育活动。

（二）高校辅导员队伍要素的现代转型

高校辅导员的个体构成了高校辅导员队伍。个体的变化引起了队伍的变化，队伍的变化以个人的变化为基础，二者相互促进、相辅相成。高校辅导员队伍要素主要包括年龄、性别、层次和专业，由于队伍是个体的集合，个体要素相互关联、相互影响，又形成了一定的结构，即年龄结构，性别结构，层次结构（以学历、职称为主），专业结构。

1. 年龄结构

在年龄结构上要实现由“V字型”向“纺锤型”转型。高校辅导员队伍的年龄结构目前呈现过于年轻化的局面，高校辅导员的主体力量由30岁以下的年轻人组成。上海市高校辅导员发展报告显示：30周岁以下的辅导员占71.49%；30～39周岁约占14.05%；40周岁以上约占14.46%。安徽省93所高校4973名辅导员的年龄分布大致如下：21～30岁有2913人，占总人数的58.6%；31～40岁有1288人，占总人数的25.9%；41～50岁有587人，占总人数的11.8%；50岁以上有185人，占总人数的3.7%。从以上数据来看，30岁以下的年轻辅导员占到半数以上，但是随着时间的推移，这一局面有所改变，年轻辅导员人数有所下降，向年长成熟者转移，这说明辅导员队伍正在趋于稳定。

辅导员队伍的年轻化可以为这支队伍注入活力，同时年轻的辅导员与大学生群体更有共同话语，在一定程度上强化了思想政治教育的效果。但是，过于年轻化的队伍在开展工作时比较缺乏经验，需要耗费更多的时间和物力去培训辅导员本身，不利于队伍的长久发展。

年轻化的队伍容易造成队伍的流动性过大，因为年轻人倾向于尝试新鲜事物，寻找更加广阔的平台；反之，队伍流动性过大又是造成队伍年轻化的主要问题。年长的辅导员富有教学和管理的实践经验，对于“新人”有帮带作用，能够促使年轻辅导员迅速成长。因此，必须努力打造以中年辅导员为主，以青年辅导员为辅，兼有少数资深辅导员的“老中青”辅导员“纺锤型”梯队。

2. 性别结构

在性别结构上要实现由“以女性为主”向“男女搭配”转型。辅导员队伍性别结构目前整体上趋于不合理，以女性为主，男性较少。学者唐城等人针对四川省 200 名辅导员的调查显示，男性占 36.6%，女性占 63.4%。学者梁海冰等人的调查显示在男女性别比例上，男辅导员 15 人，占 37.5%，女辅导员 25 人，占 62.5%。造成男性在辅导员队伍中比例偏低的主要原因是辅导员工作薪资待遇较低、事务性工作繁多等，而且在人们的传统观念中，男性理当承担更多的经济责任，而辅导员岗位并不能满足他们的这一需求。由此，辅导员岗位对于男性的吸引力远远低于女性。其实，男性和女性在辅导员工作中各具优势，一般看来，男性精力更加充沛，抗压能力更强，而女性则更加细致，能更好地完成有关工作，两者的相互配合和分工能更好地发挥辅导员的职责。因此，辅导员队伍的性别结构必须由以女性为主转变为男女比例合理的队伍结构。

3. 层次结构

在层次结构上要实现由“本科生＋初级”向“研究生＋副高”转型。层次结构主要包括学历结构和职称结构。目前，高校辅导员队伍的学历结构还是以本科生为主，在职称结构上副高以上和副处级以上干部还较少。以广东省 127 所高校为例，广东省辅导员队伍学历方面专科及以下占 5%，本科生占 72%，硕士研究生占 22%，博士生占 0.15%，两年后四项数据分别为 4%，51%，41%，1%，同比下降 1%，下降 21%，上涨 19%，上涨 0.85%。职称方面初级及以下占 84.18%，中级占 15.03%，副高占 0.69%，正高占 0.1%，两年后四项数据分别为 78.06%，19.04%，2.26%，0.28%，同比下降 6.12%，上涨 4.01%，上涨 1.57%，上涨 0.18%。福建省 36 所高校六百余名辅导员的调查结果显示：博士占 1.7%，硕士占 58%，本科占 39.4%，专科占 0.9%；教授占 0.8%，副教授占 2.5%，讲师占 31.1%，助教占 65.6%。从数据来看，辅导员层次结构整体趋于完善。在学历结构上以本科学历为主，但呈现出向研究生学历迈进的趋势，现在大多高校专职辅导员招聘也都要求研究生以上学历。在职称结构上，仍以副高以下为主，呈现上升趋势。所以当前应该立足已取得的成绩，努力向“研究生＋副高”的层次结构发展。因此，从整体上来说，辅导员层次结构逐渐完善，并且还呈现出利好的趋势。

辅导员学历结构和职称结构的发展实际上是辅导员队伍专业化、专家化的发展。这在很大程度上源于国家的政策导向和支持，现在教育部每 5 年印发一次普通高等学校辅导员培训规划，帮助辅导员大幅提高思想政治素质、职业素养、业务水平，同时，各省市、高校也开展了多种多样的辅导员培训和培养计划，为高校思想政治教育的发展输送了源源不断的骨干力量。当然，这些政策和计划在实际实施的过程中也存在不足，需要进一步完善。

4. 专业结构

在专业结构上要实现由“网状结构”向“中心结构”转型。目前，高校辅导员的专业背景整体上表现为多元复杂的“网状结构”，许多高校在招聘时为了吸引更多优秀的人才，放宽了专业条件，许多非思想政治教育专业以及相关专业的毕业生被补充到辅导员队伍中。大连工业大学思想政治理论课教学研究部对大连部分高校241名辅导员调查显示，在辅导员所学专业方面，只有8.7%的人具有哲学社会科学（含思想政治教育）的学科背景，4.1%的人具有教育学、心理学背景，理工科专业人数接近一半，占到总数的42.3%。学者黄伟东对福建省36所高校辅导员的调查显示，思想政治教育专业仅占12.2%。思想政治教育专业设立至今，经过多年的积累和发展，培养了大批优秀的专业人才，可是为何实际情况却不尽人意，这需要深入地思考和研究。

辅导员岗位的特殊性、复杂性要求大量具有思想政治教育专业教育背景的人才投入这项事业中。实现高校辅导员的专业背景以思想政治教育为主的“中心结构”，有利于辅导员更好地利用专业优势开展教育教学，有利于高校辅导员培训的优化和深入，有利于思想政治教育学科的办学教学，有利于大学生群体的思想政治素质的提高。

因此，辅导员在专业结构上应该实现由专业多元的“网状结构”向以思想政治教育为主的“中心结构”过渡。

四、高校辅导员队伍建设的途径探索

（一）激发辅导员精神动力

高校辅导员的现代转型是一项长期艰苦的事业，这一事业的完成需强大的精神动力作为“推进器”，辅导员的职业理想和发展的理念是其精神动力的来源。

1. 树立爱生敬业的职业理想

职业理想是指人们对未来工作的憧憬，也指人们对当前所从事工作即将达成的目标的追求和信仰。较之于职业情感、职业道德等，职业理想具有综合性、稳定性和持久性的特点，它在高校辅导员的道德品质形成中居于主导地位，是道德认识转化为道德行为的重要力量。高校辅导员只有树立了崇高的职业理想，才能产生强大的内驱力，以坚持不懈的意志和毅力去从事伟大的事业。因此，高校辅导员应当树立爱生敬业的职业理想，将自己的职业理想融入社会主义理想信念之中，为完成伟大使命而奋斗。

爱生敬业的职业理想要求辅导员首先关爱学生，爱生是教育好学生的重要条件，因为只有爱护学生，才能赢得学生的信任，才能与学生建立良好的平等互动关系，进而有效地实施思想政治教育。爱生就是要密切关注学生的思想和现实动态，关注学生的现实需求，帮助解决学生的实际问题，这实则是辅导员服务者角色的体现。敬业则是要求辅导员以饱满的热情去从事辅导员工作，以昂扬的斗志去战胜工作的困难和挑战，以坚忍的意志去长期坚守辅导员岗位。

2. 确立现代化的发展理念

发展的理念旨在打破传统僵化、滞后的理念。发展是事物不断前进、由简到繁、由低级到高级的运动变化过程。思想政治教育客体和环体始终处于不断的发展过程中，在发展中呈现出进步性和复杂性，因此，高校辅导员要紧跟时代潮流，确立现代化的发展理念，用发展的眼光去看待学生和社会，同时，也要将自身视作发展的个体，主动求变，积极学习，努力实现终身学习。

首先，要用发展的眼光看待学生，正确认识学生的新特征。在整个社会现代化发展的趋势中，学生群体的发展是不可避免的。95 后、00 后的大学生更加富有个性、勇于表现自己、极具学习能力。同时由于尚未形成稳定的价值观念和道德意识，他们也更容易受到不良因素的侵蚀。因此，高校辅导员要将其看作发展着的个体，全面、客观地认识他们的特点，避免用传统的眼光看待他们和用一成不变的内容实行一刀切的教育。

其次，要用发展的眼光看待自己，努力实现终身学习。发展的根源在于事物内部的矛盾，所以高校辅导员自身确立发展的理念显得尤为重要。诚如美国社会学家英格尔斯所说，现代化的人具有乐于接受新的思想观念和行为方式、头脑开放并尊重不同意见和看法、对人和社会充满信心以及乐于追求知识等特点。转型后或者转型中的高校辅导员应当树立终身学习的理念，主动加强学习，提高自身素质，努力实现由单一型向复合型人才转变，以更好地应对思想政治教育过程中出现的问题。

（二）凝聚辅导员职业文化

在长期实践和发展中，每一种职业都会在条件成熟时形成专属的文化。这种精神文化是该群体共同的理想信念、价值观念、职业习惯等综合而成的，反映了该群体的特征，是群体的灵魂和精神纽带。辅导员的职业文化也是如此，它能够增强辅导员个体的归属感和集体感，从而产生推动整体进步的凝聚力。

1. 成立辅导员研究协会

精神文化具有内生性的特点，换言之，辅导员的职业文化职能依靠辅导员全体成员共同创造产生，而不能靠移植、复制而得。辅导员共同创造文化需要依托特定的辅导员组织，而不是散落的、单个的辅导员个体。放眼全国，关乎辅导员的协会或者组织发展不够充分，中国高等教育学会辅导员工作研究分会作为全国性的辅导员协会“出场率”不高，其官方网站建设略显滞后，版块信息少而且跟新慢，整体上并没有发挥出其应有的作用。地区或者高校性的辅导员协会数量也相对较少，江苏省高校辅导员工作研究会、合肥师范学院辅导员协会、华侨大学辅导员协会等是为数不多的代表。

群体是由若干个体组成的，个体通过一定的方式发生相互作用，在相互作用中逐步建立稳定的关系，进而发展成某种感情，这种情感因素对于群体任务的完成起着重要作用。

有些群体意见比较一致、关系融洽、相互合作，任务完成较好；有些群体成员之间相互友爱，以作为群体的一员而自豪，对群体工作有强烈的责任感和义务感。群体的这种对成员的吸引力，社会心理学上称为群体凝聚力，也称群体内聚力。可见，高校辅导员协会等组织的建立对于增强辅导员群体内聚力，繁荣辅导员职业文化是至关重要的。因此，要鼓励成立高校或者省市级的辅导员组织，辅导员群体规模较小的高校或者省市可以联合周边成立地区性的辅导员组织。更重要的是，辅导员协会等组织成立之后要确实发挥作用，凝聚地区内的辅导员个体，否则，一切都将是摆设。

2. 创办有影响力的刊物

辅导员职业文化的发展与传播还需一定的载体。所谓载体，是指能储存、携带其他物体的事物。语言文字是信息的载体。期刊是承载辅导员职业文化的一种重要形式，在传播和发展辅导员职业文化，提高辅导员社会影响力过程中扮演着重要的角色。目前，比较有影响力的辅导员的文化载体主要散落在《思想政治教育研究》《思想理论教育导刊》等权威期刊以及各大学学报的个别栏目中，辅导员工作研究分会的会刊《高校辅导员》以及安徽师范大学主办的《高校辅导员学刊》，两个作为高校辅导员的代表性期刊都未被北大中文核心期刊、中文社会科学引文索引收录，前者的复合影响因子为0.264、综合影响因子为

0.161，后者的复合影响因子为0.341、综合影响因子为0.208。可见，辅导员的期刊还未在学术界引起重大影响力，对完善辅导员教育教学的理论，凝聚辅导员的职业文化作用不够明显。对此，应当大力扶持辅导员核心期刊的发展，逐步提升其在学术界的影响力，进而扩大辅导员在整个社会的影响力，为繁荣辅导员职业文化提供有力的载体。

3.搭建合作交流的平台

要在依托辅导员研究协会以及颇具影响力的期刊的基础之上努力搭建辅导员的合作交流平台。一方面，可以通过建立线上和线下的平台，拓宽辅导员相互交流学习的渠道。线上可以建立和运营辅导员专门的网站和数据库，共享丰富的资源，达到共同进步的目的，线上平台取得成功的关键在于运营和管理，要保证线上平台信息：一是“广”，即信息尽可能地全面；二是“精”，即信息的针对性和高质量；三是“快”，即信息的及时有效性。另一方面，线下要积极筹备高校范围内的，地区范围内的辅导员职业技能大赛、辅导员论坛、“优秀辅导员”评选等活动，促进辅导员相互合作交流的同时，激励辅导员快速成长。

综上所述，无论是成立辅导员研究协会、创办有影响力的期刊，还是搭建合作交流的平台，主要的深层目的是繁荣辅导员职业文化，凸显专属于辅导员的文化特质，进而增强辅导员的归属感和认同感，形成辅导员群体的强大内驱力。

（三）完善辅导员管理机制

1.完善培训制度

高校教育制度不断完善，这就对高校辅导员与任课教师提出了更高的要求。再加上当今时代信息更新速度非常快，也需要高校辅导员不断充实自己，完善自己的知识体系，为学生提供更好的服务。

很多高校辅导员对职业的归属感较低，就需要高校为辅导员提供明确的要求，并为他们提供切实可行的培训，让每一个辅导员都可以获得充分的认识，不断提高自己。高校辅导员与学生的联系极为频繁，需要不断充实自己，不断接受教育，这样才可以更好地为学生解决问题，不断适应新时代的要求。

高校辅导员的主要工作就是做好学生的思想政治教育工作。不仅是专业知识的充分，还需要与学生更好地融合在一起，这样工作才可以更好地开展，使工作实践与理论知识更好地融合在一起，这样的工作才有意义。所以，完善高校辅导员的相关培训体系，不断提升他们的专业素养与实践能力，可以更好地开展学生工作。还可以通过建立高校辅导员培训基地，形成辅导员培训的长效机制。

2. 开展职业规划

想要实现辅导员队伍建设的职业化，就需要严格按照职业化的标准来执行，制定完整的高校辅导员的职业规划，应该从以下四个方面着手。

（1）培养专门人才

想要实现辅导员队伍的职业化，就需要有专门的人才。高校应着手开设辅导员培训的相关课程，培养具有专业知识与能力的辅导员。由于我国没有专门的辅导员课程，可以参照国外的课程设置，并与我国的实际情况相联系。我国高校应开设思想政治教育类的课程，将这类课程与思想政治教育相结合，开展思想政治教育、心理教育等，通过这些课程的设置，实现辅导员的专业化建设。在没有培养出这样的专门人才之前，高校可以选择具有一定实践经验或者接受过类似教育的人来担任高校的辅导员，再结合高校的实际情况，进一步确定高校辅导员的数量与结构。

（2）设立辅导员专业职称

高校辅导员的薪资待遇水平与专门的任课教师之间存在很大差异。就目前的发展情况来看，应该将辅导员职务评定作为一个专门的标准，纳入学校教师职务评定的体制之中。学生工作部门可以根据辅导员的工作性质，将思想政治教育职务单独罗列出来，形成指标，设置相应的职称与职务。这样一来，高校的辅导员就有了发展的空间与晋升的平台，可以进一步激发辅导员的工作热情，实现高校辅导员工作的职业化与规范化。

（3）设立专门的辅导员工作机构

高校辅导员的工作职责不应该是包揽所有的工作，而应该是有明确的职责划分，更不应让高校辅导员受到多层的管理。高校应建立专门的辅导员工作机构，使其工作具有一定的安全感，更有利于工作的顺利进行。

（4）建立一整套的制度规范

完善相关的体制规范，建立一套完整的制度规范。不管是在选聘、培训、考核、晋升、激励，还是在保障制度方面，都应该有一定的制度规范，这样有利于对高校辅导员进行统一管理，规范人才流动的体系。

3. 完善辅导员选聘机制

高校辅导员的选聘工作作为开启辅导员工作生涯的重要一步，选择合适的人才成为高校辅导员队伍中的一员就显得尤为重要。辅导员的主要工作是对大学生进行思想政治教育，需要一定的学历、实践能力、相关经验等。这样挑选出来的人才会更好地完成高校的辅导员工作。

很多没有接受过系统培训的辅导员，只能是边工作边摸索，不利于辅导员工作的顺利开展。建立严格的选聘制度是非常有必要的，遵循相关的原则，按照规定标准进行招聘。高校可以鼓励专业课程的任课教师来从事兼职辅导员工作，专业课程的任课教师与学生接触的时间较长，不仅具备丰富的教学经验，还具备一定的学生基础，可以利用课上与课下的时间完成对学生的教育。选聘辅导员一定要注重规范与科学，尽量兼顾年龄结构、知识体系、实践经验、性别比例、数量结构的合理性，最大限度地优化高校辅导员的队伍，提升辅导员队伍的职业化水平。

4. 健全管理和保障制度

众所周知，辅导员工资的构成包括基本工资和岗位津贴等。大部分辅导员都希望自己的福利待遇能够得到提升。高校不仅要保障他们培训与进修的权利，还要保障他们在晋升方面的机会公平，不断增强他们的职业认同感。高校应该充分认可辅导员的相关工作，适当增加他们的岗位津贴，在生活中给予适当的关心。这样有利于激发高校辅导员工作的积极性与主动性，使他们在工作中得到满足，增强归属感，产生想要长期从事这项工作的兴趣，不断增强自身的实力，不断推进辅导员职业化的进程。

5. 制定科学合理的考核制度

辅导员的工作性质就决定了辅导员工作的特点，不仅消耗辅导员的工作精力，还会给他们带来很大的精神压力。这样的工作能不能得到一定的认可，会直接影响高校辅导员工作的热情，高校需要对此加强注意，制定科学合理的考核制度，保障辅导员的相关权益。为了确保高校辅导员的相关权益，应根据高校辅导员的工作特点、工作范围、工作性质，制定相对科学合理的考核制度，建立健全相关的考核指标。制定之后，严格落实。也就是说建立在辅导员全面工作的领导评价体系、同事评价体系、学生评价体系、自我评价体系之上的综合考核机制。

（四）保障辅导员物质利益

对人们而言，辅导员工作最基本的还是获得实物或报酬的一种手段，因此，辅导员的物质利益是不可回避的话题，这也是促使辅导员现代转型的物质基础。

可以从两个方面保障辅导员的物质利益：一是直接提高辅导员的薪资待遇；二是疏通辅导员的晋升渠道。

1. 健全辅导员物质保障机制

马斯洛将人的需要区分为五个层次，处于最底层的需要是生理需要，即由生理决定的需要，例如对食物、住宿、睡眠的需要。在工作中，生理需要通常被转化为对更多金钱的需要和期待。因此，提高辅导员的物质待遇，改善辅导员的经济状况是辅导员实现现代转型的物质基础。

提高辅导员的物质待遇可以从以下几个方面入手。其一，在工资待遇上，要以教师的身份，按照他们被聘的专业技术职务确定他们的工资标准，使辅导员的工资与本校其他教师的同一专业技术职务的工资相同。其二，实行“以薪代职”。行政岗位有限，行政职级上不去，但是薪水酬劳可以上涨。对于优秀的高校辅导员，由于某些原因行政职级可以暂时不予评定，但是要匹配相应的薪资酬劳。其三，对于高校辅导员承担的相关课程的教学工作，予以课时补贴。

2. 建立合理的流动和退出机制

高校辅导员的“双线晋升机制”是比较合理的，也是我国将会长期坚持的机制。“双线晋升机制”激发了高校辅导员的工作热情，能够留住富有经验的辅导员，从而有利于形成高校辅导员合理的“老中青”队伍结构，同时，也有利于高校辅导员由单纯管理者向教学、服务、研究“三位一体”复合角色转换。

但是，这一机制在实际运行过程中效果并不显著，高校辅导员晋升缓慢，整体专家化水平较低，这主要是由晋升渠道狭窄所导致的。由于行政管理岗位是有限的，且行政职位的设置都是“金字塔”形的，级别越高难度越大。建立合理的流动和退出机制有利于破除这一困境。对于优秀的高校辅导员要予以表彰并大胆提拔使用，对于不符合要求的、表现不好的人员要及时调整或者清退，鼓励良性竞争，保持队伍的活力。此外，对于违反有关规定和条例的辅导员可以取消或者推迟其申请晋升资格，例如黑龙江大学规定，受记过以上处分者，延迟 2 年以上申报。受处分期间，不能申报。

3. 成立专门职务聘任委员会

辅导员职务聘任委员会的主要任务就是，具体负责结合各校实际，制定辅导员评聘教师职务的具体条件，负责本校专职辅导员专业技术职务聘任工作。在评聘过程中要注意两点：其一，突出学生工作的重要性，尤其是对于新入职的辅导员应该侧重于工作考察；其二，坚持教学表现、科研能力和学生工作业绩相结合的原则，协调好三个因素在考核评定中的比例，统筹兼顾到不同年龄、各有特长的辅导员。客观来说，高校辅导员的科研能力和精力是无法与专业教师相竞争的，所以相对难以达到职称评定的指标要求，这无形中缩窄了高校辅导员的晋升通道。成立高校专门职务聘任委员会的目的就是将辅导员与专业教师的职称聘任区分开来，以保障高校辅导员晋升渠道的畅通，从而保障辅导员的物质利益。

（五）提升辅导员职业素养

1. 高校辅导员职业素养提升的原则

高校辅导员职业素养的养成和发展不是一朝一夕之功，它是一个从量的日积月累到质的飞跃过程。高校辅导员职业素养的提升虽迫在眉睫，但也不可能一蹴而就，需要运用整体、系统的思维，深谋远虑，从整体上系统、深入地去认识和把握职业素养提升的问题，才能取得真正的成功。高校辅导员职业素养的提升过程贯穿其职业生涯发展的全过程，涉及高校辅导员的准入、培训、培养、晋升、发展等环节。在提升高校辅导员职业素养时，应该遵循以下四条原则。

（1）政治第一原则

从高校辅导员的概念分析来看，强调其“政治”属性；从高校辅导员的主要工作职责来看，进行思想理论教育和价值引领，强调其“政治”要求；从高校人才培养的目标来看，培养又红又专的社会主义人才，强调的是“政治”本色。无论是对高校辅导员个体而言，还是对大学生个体而言，高校辅导员都需要具有浓厚的“政治”色彩。

高校辅导员职业素养的提升坚持政治第一原则，就是在他们职业素养提升的过程中始终坚持把政治意识摆在首位，这不仅是党和政府对高校辅导员的要求，而且也是高校辅导员完成工作职责和培养合格人才的要求。在高校辅导员职业素养的四个维度中，职业意识本质上就是政治意识，这是职业素养体系的灵魂。所以，在提升高校辅导员的职业素养过程中，务必始终坚持政治第一原则。

（2）以人为本原则

高校辅导员职业素养的提升坚持以人为本的原则，就是要在提升他们的职业素养的过程中把自身和大学生个体两者的利益作为根本立足点和出发点。这是作为高校辅导员职业素养提升主体的高校辅导员的根本要求和内在诉求，也是培养又红又专、德才兼备、全面发展的大学生的迫切需要和现实需求。

高校辅导员是提升高校辅导员职业素养的主体，起着内生动力的作用。在坚持政治第一原则的基础之上，发挥高校辅导员的主观能动性，能形成一种职业素养自觉提升的理念。高校辅导员职业素养的提升是一个漫长复杂的过程，并且在提升的过程中有不少的困难和挫折，只有发挥高校辅导员的主观能动性，才能促使其持久保持意志坚强、干劲十足的精神状态，积极投身提升自身职业素养的实践行动中。

高校辅导员职业素养的提升一方面是为了更好地促进辅导员的职业发展，另一方面是为了完成立德树人的根本任务，把大学生培养成为社会主义建设需要的人才，促进大学生核心素养的养成。坚持以人为本的原则，要求在提升高校辅导员职业素养的过程中，不仅要从高校辅导员的发展需要出发，而且也要从大学生的成长规律，满足大学生发展需要的角度出发。

（3）实践锤炼原则

从高校辅导员职业素养的科学内涵和结构模型分析来看，这种职业素养作为一种深层次的综合共同体，它是一种具有综合性的最主要、最关键的共同素养，既可教可学，又无声无形，只有在先天遗传的基础上，通过不断地实践修习才能得以形成和发展。它与高校辅导员的自身素养水平、工作履历状况、教育培训经历等各个要素关联紧密。

高校辅导员职业素养提升要坚持实践锤炼的原则，就是在提升他们的职业素养的过程中要以实实在在的实践行动为基础，一切从实际出发，理论联系实际，在实践中检验提升的措施和体系，从而不断优化和完善提升的措施和体系。

高校辅导员的职业素养提升是一个持续变化发展的动态体系，不可能一蹴而就，需要日积月累、持之以恒、久久为功。当前社会经济发展日新月异，国际竞争异常激烈，世界形势复杂多变，社会思潮激烈碰撞，文化交流异常频繁、形式多样，培养适合时代发展的具有核心竞争力的大学生尤为迫切。作为大学生成长的引路人的高校辅导员，在提升其职业素养的过程中，要在变化发展中不断实践，不断更新学习。

（4）系统提升原则

高校辅导员职业素养是包括职业意识、职业道德、职业知识、职业能力四个维度十大方面的综合共同体。在高校辅导员职业素养的提升过程中，如果只充实职业知识，不谈增强职业意识，那么其提升过程就像缺失雷达的飞机迷失方向；如果只提升职业能力，不谈提升职业道德水平，那么其提升过程就像强兵失帅一样兵败如山倒。不能只选其一或者其二，要把握每一维度之间的关系和联系。

高校辅导员职业素养的提升坚持系统提升的原则，就是在提升这一群体职业素养的过程中，始终对这个综合共同体进行全面、系统的提升，贯穿高校辅导员职业素养的各大维度之中、高校辅导员发展的全过程、与高校辅导员相关的各有关方面，注重发挥整体、合力作用。

2. 高校辅导员职业素养提升的途径

提升高校辅导员的职业素养，不仅是一个目标，而且也是一个过程，更何况任务是长期、艰巨的。高校辅导员职业素养作为一个包含职业意识、职业道德、职业能力、职业知识的综合共同体，对其进行提升不是某一方面的努力即可，它需要多方联动，共同发力，久久为功。高校辅导员职业素养提升的途径应该包括党和政府、社会、学校、辅导员个人四个层面，从提高辅导员职业意识的政治站位、加强辅导员职业道德的内涵建设、提升辅导员职业能力和职业知识的层次水平等着手。

（1）提高辅导员职业意识的政治站位

职业意识体现的是党和政府对高校辅导员角色定位的本质要求，高校辅导员的工作职责和发展要求，大学生发展和成长的现实需要。要提升高校辅导员的职业素养，遵循政治第一原则、以人为本原则、实践锻炼原则、系统提升原则，首要是提高高校辅导员职业意识的政治站位。

①需要党和政府更为具体的指引，树立政治意识的鲜明旗帜。高校是党领导下的高校，是中国特色社会主义高校，思想政治教育工作极为重要。高校辅导员又在高校思想政治教育中有着举足轻重的作用。党中央、国务院历来非常重视高校思想政治工作，先后出台了一系列的重要政策、文件和意见，这些政策、文件和意见发挥了重要的作用，有效加强了高校辅导员队伍建设，也在一定程度上促进了高校辅导员职业素养的提升，但在提高职业素养方面仍有上升的空间。

首先，高校辅导员坚定爱党拥党、爱国情怀的信念，坚持不懈传播马克思主义理论，坚持不懈培育和弘扬社会主义核心价值观，坚持把握意识形态话语权和主动权，需要党和政府在政策、文件和意见等方面有更为具体的指引，助力高校辅导员政治意识的提高。

其次，需要加大对既有文件、意见的执行力度。党中央、国务院要成立专项工作小组，对既有文件、意见的落实情况进行检查和督查，保证党中央、国务院的政策得以贯彻实施，能在基层真正落地生根，促进习近平总书记重要讲话精神和各项文件、意见的有效落实，促使高校辅导员在开展思想政治教育工作的聚焦点和着力点更为明确，做到善学善用、善作善成。

最后，党和政府在制定高校辅导员选聘、培养、晋升等条件和标准时，应当把“政治意识”的要求始终摆在首位。加强高校辅导员政治敏锐性、政治鉴别力、“三观”以及国家情怀的考察，突出高校辅导员政治方向、政治立场和党性修养的教育锤炼。

②需要社会环境的持续改善，凝聚政治意识的磅礴力量。社会环境是影响高校辅导员职业素养提升的重要因素和外在动力。社会环境的持续改善必然能促进高校辅导员职业素养的提升。高校的办学方向是坚持社会主义，思想政治教育的主要工作是塑造灵魂。辅导员作为大学生的思想导师和知心朋友，他们的一言一行都是其自身的政治觉悟和价值观念的体现，辅导员以自己的言行教育学生，影响社会。反之，社会环境的持续改善，将为强化政治意识凝聚磅礴力量。

第一，需要加强社会舆论的正面引导。面对新媒体和自媒体蓬勃发展的新形势，正确的舆论有利于高校辅导员开展思想政治教育工作。应充分利用社会舆论阵地，用积极向上的社会意识加以思想渗透，积极宣传党政方针，弘扬社会主义核心价值观，引导高校辅导员坚定爱党爱国的信念，坚定道路自信、理论自信、制度自信、文化自信，树立正确的世界观、人生观、价值观，保持良好的政治敏锐性，更好地为学生成长成才护航。

第二，需要进一步净化网络空间环境。以网络为媒介的高校思想政治教育是新形势的必然趋势。利用网络推进高校思想政治教育与资本主义腐朽思想作斗争，提供更多大量的、丰富的、正确的、健康的信息，将为高校辅导员做好思想政治教育工作发挥作用、提供支撑。

③需要高校聚焦辅导员队伍政治建设，提高政治意识的应然高度。高校辅导员是党员队伍中极为重要的一个群体，是党的教育方针在高校的一线执行者，是我国高等教育的中坚力量。在提升高校辅导员职业素养的过程中，需要高校聚焦辅导员队伍政治建设，提高他们政治意识的应然高度。

第一，需要进一步强化高校辅导员的“主业意识”。高校应该强调高校辅导员的角色定位应该为政治辅导员，坚持政治本色，提高政治站位，而不应该过度强调辅导员类似“保姆”“消防员”等事务性管理角色。在日常的工作中，高校应该侧重对高校辅导员意识形态安全、政治觉悟、价值观念等方面的培训培养，实现思想政治教育的“又红又专”。

第二，需要进一步加强高校辅导员的党性教育和锻炼。高校要为辅导员搭建加强党性锻炼的平台，创造加强党性锻炼的机会，提升辅导员的政治理论水平，增强政治观和大局意识，建立长效激励机制，大力选树典型，从而让辅导员更好完成引领学生思想、提高学生政治水平和辨识能力的任务，培养社会主义合格建设者和可靠接班人。

第三，需要不断提高辅导员的政治理论水平。高校要坚决贯彻党的理论路线方针政策，加强对马克思主义中国化最新理论成果和党的十九大精神等的学习宣传贯彻，用习近平新时代中国特色社会主义思想和重要讲话精神武装辅导员的头脑，把高校辅导员政治理论水平的高低作为他们考核、晋升、淘汰、退出的重要条件。

④需要辅导员个人不懈的努力，坚持政治意识的先进本色。高校辅导员是开展大学生思想政治教育的中坚力量，他们的工作具有很强的政治性。作为政治辅导员，政治意识是否强烈是检验高校辅导员政治本色的根本标志，是培养“又红又专”的社会主义可靠建设者和接班人的根本保障。在提升高校辅导员职业素养的过程中，需要辅导员个人不懈努力，坚持其政治意识的先进本色。

第一，高校辅导员要做到不忘初心，牢记使命，坚持政治本色。高校辅导员深处思想政治教育工作的第一线，是学生成长成才的引路人和圆梦者，需要不忘为国育才的初心，牢记立德树人的使命。高校辅导员应该主动提升自身思想政治教育水平，对马克思主义真学、真懂、真信，保持政治定力，做到政治立场坚定，爱党、拥党、护党，具有强烈的爱国主义情环。

第二，高校辅导员要坚定理想信念，提高自我认同。高校辅导员作为学生工作的一线人员，直接面对大学生群体，与大学生接触最为频繁，联系最为紧密，对大学生具有潜移默化的影响。正所谓：学为人师，行为示范。辅导员在日常工作中虽然千头万绪，但是只要理想信念坚定，就能以正确的世界观、人生观和价值观指导自己的行为，就能自觉增强育人的责任感和荣誉感，实现自己的人生梦想和价值，为国家培养又红又专的人才。

（2）加强辅导员职业道德的内涵建设

在高校辅导员职业素养的结构模型中，可以发现职业道德是辅导员职业素养的重要组成部分，它是辅导员修身立业、价值追求和工作态度的集中体现，是这一群体可持续发展和大学生健康成长的重要条件。要提升辅导员职业素养，在遵循政治第一、以人为本、实践锻炼、系统提升等原则的基础上，加强辅导员职业道德的内涵建设显得尤为重要和关键。

①需要党和国家建章立制，继续大力弘扬高尚师德。习近平总书记在2018年5月2日北京大学师生座谈会上的讲话中提到，人才培养一定是育人和育才相统一的过程，而育人是本。人无德不立，育人的根本在于立德。要把立德树人内化到大学建设和管理各领域、各方面、各环节，做到以树人为核心，以立

德为根本。正所谓：才者，德之资也；德者，才之帅也。所以，作为思想政治教育工作者，作为“人之模范”，高校辅导员就应德才兼备，以德为先。从国家层面来说，加强辅导员职业道德的内涵建设，需要建章立制，继续大力弘扬高尚师德，提升高校辅导员的职业道德素养。

第一，需要党和国家健全高校辅导员师德建设长效机制，推动师德建设常态化长效化。创新师德教育，完善师德规范，引导广大高校辅导员在自身发展、工作实践和学习研究中，做到育人为本、为人师表、爱岗敬业，做学生成长成才和健康成长的指导者、引路人。

第二，需要大力推进高校辅导员师德师风建设工程。发掘师德典型、讲好师德故事，开展年度人物评选，宣传优秀辅导员先进事迹，加强引领，注重感召，弘扬楷模，引导高校辅导员成为具有积极乐观、勇于担当、严谨认真等品质的思想政治教育者。

第三，需要构建高校辅导员师德师风评价体系。评价辅导员队伍职业素养的重要标准应该是师德师风。在国家层面，对高校辅导员师德师风的评价，既要有严格的制度规定，也要有日常监察督导，细化师德考评，体现奖优罚劣，引导高校辅导员在日常工作实践中做到知行统一、诚实守信、公平公正。

②需要社会尊师重教，营造良好的社会氛围。职业道德蕴含公民道德教育的主要内容，作为高校辅导员的职业素养之一，是高校辅导员赖以生存和发展的重要条件。尊师重教社会氛围的营造，有助于强化辅导员的职业道德。

第一，需要大力营造尊师重教和尊重人才的社会氛围，增强高校辅导员的职业自豪感。电视、报刊、网络、新媒体等媒体要广泛宣传全国高校辅导员年度感动人物和高校优秀辅导员先进典型，特别是在每年教师节前夕，要开设高校辅导员专栏专窗，集中宣传和展示等，在全社会营造和形成尊师重教、尊重人才的舆论氛围及社会环境。

第二，需要大力弘扬社会正能量。积极传播高校辅导员正能量，指引社会各界深刻了解高校辅导员在教书育人、立德树人中的重要作用。同时，也为高校辅导员在应对社会多元价值观的冲击与挑战时，能保持定力，坚持正确的处事原则和职业操守提供正能量支持。

③需要高校加大师德建设力度，加强教育和引导。在习近平总书记倡导的“四有教师”的要求中，“道德情操”位列其中。好教师应该取法乎上、见贤思齐，不断提高道德修养，提升人格品质，并把正确的道德观传授给学生。师德行为有善恶性、外显性、可造性等特征，能够通过教育、监督、评价与激励等方式促进其变化。高校辅导员作为高校思想政治教育的重要组成部分，其职业道德

素养尤为关键，高校需要加大辅导员师德建设力度，加强教育和引导。

第一，需要加强辅导员的师德教育。高校要以培育和践行社会主义核心价值观为主要内容，重点加强高校辅导员师德师风教育，组织开展师德师风讲座、师德演讲比赛、模范教师公开课，要求辅导员参与三下乡支教志愿服务活动，增强他们的事业心和使命感。习近平曾说：德是首要、是方向。“德性”是高校辅导员职业素养中职业道德维度的核心和实质。高校辅导员既是学问之师，也是品行之师。加强他们的师德建设，对于辅导员的培养培训目标和要求而言，具有较强的规定性和指向性；对于辅导员的培养培训整个过程和成效而言，具有较强的推动性和保障性。

第二，需要构建辅导员师德建设的监督机制。高校可以通过构建多方监督机制来调控辅导员的师德行为，促使辅导员能自律地履行师德义务。其中，多方监督机制可以包括由学校相关部门、二级学院、学生等共同参与的师德监督主体，根据相关法律法规，运用数字化和信息化等渠道，对高校辅导员进行监督。强化辅导员队伍在职业操守、道德修养和品格态度等方面的责任和义务，促使师德建设的监督机制科学化、制度化、常态化。

第三，需要建立和完善辅导员师德建设的评价与激励机制。通过建立合理的评价考核和激励机制，采取舆论引导与奖励结合以及物质与精神奖励结合的方式，把对辅导员的道德要求规范化，把师德先进个人评选制度化，以激发辅导员的职业责任感和使命感，发挥先进典型的榜样示范作用，营造创先争优的良好氛围。

第四，需要倡导互助友爱，营造和谐的工作环境。在高校从业人员中倡导互助友爱，团结和谐，逐步形成彼此关爱、彼此尊重和彼此珍惜的互助氛围，让互助友爱、团结和谐成为校园中各个层面的共识，从而营造出团结奋进、和谐统一的良好氛围，使高校辅导员能安心做好本职工作，专注于不断提升自身职业道德素养。

④需要高校辅导员以德立身、以德立学、以德施教，培养高尚的道德情操。因此，在日常思想教育和管理工作中，高校辅导员要以德立身、以德立学、以德施教，培养高尚的道德情操。

第一，高校辅导员要爱岗敬业，积极乐观。正所谓：十年树木，百年树人。高校辅导员肩负培养又专又红、德才兼备、全面发展的社会主义事业建设者和接班人的重要使命，是高校思想政治教育的中坚力量。高校辅导员的爱岗敬业精神和积极乐观的态度能使其发自内心自觉地热爱教育事业，坚持育人为本，时刻铭记教书育人的使命；能使其发自内心自觉地关爱学生，设身处地地为学生着想，真正走入学生心里，成为学生的人生导师和知心朋友。

第二，高校辅导员要知行统一，为人师表。辅导员的职业道德，会对大学生的道德修养和道德行为产生熏染，是大学生认识社会、对待他人的参照系。高校辅导员必须树立良好的自我形象，依靠崇高的道德境界和力量，在工作和生活中做以德立身、以德立学、为人师表的榜样。辅导员要注重身先示范，以德施教，将各项要求外化于行，做到知行统一，用自己的实际行动去感化学生、带动学生、影响学生、培养学生。

第三，高校辅导员要诚实守信、公平公正。“诚信”和“公正”是社会主义核心价值观的部分内容，也是高校辅导员的道德要求之一。这要求高校辅导员在日常工作中做到诚以立身，信以致远，做人坦诚，做事公平公正公开，以理服人、以情感人，走入学生心底，做学生的知心朋友。

第四，高校辅导员要严以律己，勇于担当。高校辅导员应该时刻以优秀辅导员为榜样，严格要求自己，正视自己，剖析自己，将各项要求内化于心，学为人师、行为世范，更好担起学生健康成长指导者和引路人的责任。同时，面对各种挫折与挑战，高校辅导员应不畏困难，勇于担当，奋发有为，主动承担时代所赋予的责任和使命，拥抱新时代，践行新思想，实现新作为。

（3）提升辅导员职业能力和职业知识的层次水平

基于辅导员职业素养的结构模型看来，高校辅导员职业能力是这一群体完成立德树人根本任务的关键能力，是这一群体工作内容的本质需要，集中反映了这一群体的职责所在，是高校辅导员和大学生职业发展的本质需要。高校辅导员职业知识是知识和文化积累、传承以及创新的源泉和基础，是高校辅导员把握教育教学规律、学生成长规律的保障，是促进高校辅导员和大学生的全面发展的基础力量。要提升高校辅导员的职业素养，在遵循政治第一、以人为本、实践锻炼、系统提升等原则的基础上，提升辅导员职业能力和职业知识的层次水平是基础保障。

①需要党和政府保驾护航，提供强力支持与保障。第一，需要完善相关制度，提高辅导员的制度认同。党和国家除了出台一些文件、政策外，应该围绕高校辅导员的“职业能力”和“文化知识”形成相应的法律法规，完善高校辅导员的选聘、培训、培养、管理、发展、晋升、考核、激励机制，努力夯实高校辅导员职业发展的法制基础，营造优良的高校辅导员发展环境，形成高校辅导员发展的良性体制、机制。

第二，需要增加教育经费投入，并向高校辅导员队伍建设倾斜。党的十八大以来，尽管每年我国的财政性教育经费支出占国内生产总值的比例均在4%

以上，但教育经费的投入远落后于发达国家。教育经费支出结构不尽合理，存在地区、城乡差异，支出硬件多，支出软件少等问题，国家应加大对教师队伍建设的经费支出。大学生是国家的栋梁，培养合格的人才对我国实现人才强国，实现中华民族伟大复兴具有重要战略意义。在增加教育经费投入的同时，理应考虑向提升高校辅导员的职业能力和文化知识的培训培养有所倾斜。

第三，需要搭建高校辅导员官方交流平台，拓宽交流学习渠道。采取举办全国性的核心素养大赛、建立政府思想政治工作专题网站、组织高校辅导员论坛等方式，搭建高校辅导员官方交流平台，加强全国各地高校辅导员的相互交流和学习，促进高校辅导员职业能力水平的提升和文化知识的丰富更新，加速高校辅导员职业素养的提升，推进辅导员专业化、职业化、专家化进程。

②需要社会为培训培养提供补充，拓宽渠道，充实力量。尽管在国家层面，已经有相关的培训培养机制等对提高高校辅导员的"职业能力"和丰富"职业知识"有不少保障，但是，面对庞大的高校辅导员群体和日渐严格的社会期待，仍需要社会力量的支持与配合。

第一，需要大力发展高校辅导员行业协会。通过这一行业协会，建设高校辅导员进行工作探讨研究和行业内部学习切磋的阵地，进一步提升高校辅导员的"职业能力"和丰富其"文化知识"，通过以非官方的方式及力量促进和加快辅导员核心素养的提升。同时，充分运用和发挥高校辅导员行业协会的组织优势和话语权，表达高校辅导员的心声。

第二，需要设立社会专项基金。在社会设立高校辅导员职业素养提升专项资金，作为国家、教育部门和高校应对高校辅导员队伍建设以及职业素养提升进行资金拨款的补充，拓宽高校辅导员培训、培养、研究等资金来源，逐步凝聚促进高校辅导员职业素养提升的社会力量，进而加大对他们职业素养提升的有关培养力度，为高校辅导员的职业素养提升注入新力量。

第三，需要增加高校辅导员培训基地、研修组织的数量，扩充基地和组织规模。要进一步增加他们的培训场所、研修单位的数量，让更多的高校辅导员有机会接受更高一级的培训和锻造，进一步扩充培训基地和组织的规模，形成规模效应，使它们在高校辅导员的职业资格认证、职业发展等方面发挥更大的作用，成为高校辅导员职业素养提升的主渠道。

③需要高校进一步重视辅导员队伍，创新管理、培养机制。第一，高校要从根本上重视辅导员队伍建设。树立以教师发展为本的意识，要像重视学术骨干教师的选拔培养一样重视高校辅导员的选拔和培养。出台相关激励措施，落实辅导员双线晋升政策，推行辅导员职级制，从而增强高校辅导员的工作积极

性、职业认同感和成就感，使高校辅导员队伍后继有人，兴旺发达。

第二，需要构建科学的高校辅导员培训、考核体系。根据不同地区不同高校的学生特点，以及高校辅导员工作时间长短、工作职责内容、素养水平等，结合高校辅导员自身发展的职业需求，采用分阶段、分层次、分门类、分重点地组织开展培训，实现培训、考核的科学化、制度化和常规化，构建科学的培训、考核体系，进而满足高校辅导员和大学生成长发展的需要。

第三，需要重视高校辅导员的价值诉求。坚持以人为本，在管理机制上，高校要建立交流激励机制，联通社会交流渠道，鼓励高校辅导员参与地方政府人才交流和挂职锻炼，拓宽高校辅导员的视野。在培养发展上，高校要给予辅导员更多的培训、学习机会，大力加强高校辅导员的培养和锻炼，对优秀辅导员进行重点栽培。

第四，需要多措施并举，鼓励高校辅导员开展调研并进行创新。采取评先评优、物质奖励、精神鼓励、提拔晋升等多种措施，激励高校辅导员在实际工作中开展调查研究，分析受教育者、教育环境等变化，适时改变辅导员的工作思绪以及方式；应用新媒体进行思想政治教育工作创新，增强和提升思想政治教育的效果和针对性，真正做到高校辅导员职业能力的提升。

④需要辅导员发挥主观能动性，养成主动、自觉行动的习惯。高校辅导员是提升其职业素养的行为主体，起着内生动力的作用。在提升高校辅导员的职业能力和职业知识层次水平方面，发挥高校辅导员的主观能动性，形成一种职业素养自觉提升的意识和习惯，从而使其职业能力得到持续不断的提升，职业知识得到更新。

第一，高校辅导员要充分发挥主观能动性。高校辅导员职业素养的提升是一个漫长的过程，并且在提升的过程中有不少的困难和挫折，只有发挥高校辅导员的主观能动性，才能产生内在驱动力，促使其持久保持意志坚强、干劲十足的精神状态，积极投身实践行动中。

第二，高校辅导员要勤奋好学，积极研修深造。高校辅导员要充分利用国家、社会、高校提供的学习研修平台，积极参与研修班学习、思想政治骨干培训、学术交流分享、学历学位提升、国外访问访学等项目，开阔视野，更新知识结构，不断提升自身职业能力、文化知识水平等。高校辅导员要经常向身边优秀的辅导员、先进典型学习，寻找自身的不足和差距，博采众长，取长补短，不断促进与提高，不断完善与超越。

（六）开展辅导员职业培训

针对目前高校辅导员，尤其是年轻辅导员专业功底薄弱，业务水平不高等现状，开展有针对性、实践性、系统性的辅导员培训是十分必要且意义重大的。中共中央、教育部每5年做一次普通高等学校辅导员培训规划，旨在提高辅导员培训质量，推进辅导员队伍建设。培训是提高辅导员思想政治素质、职业素养、业务水平的有效举措，是增强教育效果行之有效的方式。

1. 开展职业培训的原则

高校思想政治教育的多种培训包含讲座、报告、工作坊、沙龙、训练营等形式。有效的培训可以帮助刚加入工作队伍的新人迅速成长，也可以帮助一些有工作经验的工作者调整工作思路、丰富工作手段。在开展多方面培训的时候需要遵循三个原则。

（1）针对性原则

一些高校确实有组织许多培训，但是效果不佳，许多辅导员教师、思想政治理论课教师将其视为工作任务来应付，不但没有帮助其成长，反而浪费了大量人力、物力、财力。针对性原则就要求部门在组织培训时应该结合工作实际、考虑时代热点，针对当前高校辅导员最薄弱的环节、最缺乏的技能去组织培训，针对当下最热的思想政治教育内容去组织培训，针对大学生群体最突出的问题去组织培训，这样才能将培训落到实处，确切地帮助高校辅导员成长。

（2）实践性原则

实践是检验真理的根本标准，人的思维是否具有客观的真理性，这是一个实践问题，而不是理论问题。培训也是如此，思想政治教育是一个操作性和实践性很强的工作，聆听别人的讲座报告难免有些“纸上谈兵”，因此，要多一些训练营之类的能够让辅导员参与其中的方式，少一些大会报告的形式，这样高校辅导员才能更好地在实践中去反思自己过去的工作方法，寻找更好的方法。

（3）系统性原则

任何一项工作都是系统工程，应该去循序渐进地、由此及彼地培养高校辅导员的能力。培训如果多而杂，不仅没有效果，反而会加重高校辅导员的工作，因为这是他们必须要完成的上级下发的任务。因此，在有针对性地选择培训之后，还要注重培训整体的系统性，要让多种培训由点串成线，达到更好的效果。

2. 辅导员定向式培训

面对目前高校辅导员专业背景多元化的现实，为充分发挥辅导员自身的学科优势以及个人特长，在辅导员培训中除了要坚持针对性、实践性、系统性原则，还可以创新培训形式，进行辅导员定向式培训。辅导员培训中的定向式培训是指根据每个人的学科背景或者技术特长的不同，先选择辅导员职能体系中的某一项或者某几项进行深入培训，以取得在该领域的专家地位。也就是说，先将辅导员按照“1字形”人才培养，而后在此基础上，逐步拓宽其专长领域，转变为“十字形”人才。

例如，一位高校辅导员是心理学学科出身，自身对心理学也有一定的兴趣和专长，那么就可以先让其进行心理健康教育与咨询模块的深入培训，帮助其迅速在心理健康教育与咨询领域成长为专家。一般的培训可能安排比较紧凑，种类较多，在短时间内接受职业生涯规划、心理健康教育、大学生党建工作等多方面的培训，受训者的接受效果难以保证。由此，辅导员定向式培训既是当前辅导员学科背景多元化的合理选择，还可以在较短时间内帮助辅导员成为某个领域内的专家，促进辅导员之间的相互交流和相互学习。

（七）优化辅导员转型环境

高校辅导员的现代转型需要良好的外部环境作为保障，这里主要包括社会认可和社会制度保障。社会认可程度反映了社会对辅导员的存在和价值的赞同和尊重程度。良好的社会认同可以给予辅导员不竭的动力，反之，辅导员则会变得消极、沮丧，丧失转型的动力。

完善的社会制度为辅导员现代转型提供了政策依据，保证辅导员的转型方向。

1.提高社会认可程度

社会认可是高校辅导员的社会维度，要回答的是社会是否需要辅导员以及社会如何看待高校辅导员的问题。对于前者是可以做出肯定回答的。纵观古今中外，思想政治教育虽然有称呼上的不同，表现形式上的差异，但是思想政治教育作为一种普遍现象，是真实存在的，那么从事相关工作的人员也理应有存在的价值。对于后一问题，应该说高校辅导员的社会地位还不是很高，人们提到高校辅导员往往会联想到“孩子王”“吹鼓手”“万金油”等形象，这一群体还未得到人们的高度推崇和尊重。为提高高校辅导员的社会认可度，为其职业化成长、专业化发展和专家化成才创建良好的外部环境，可以从以下几个方面入手。

其一，广泛开展正名活动，用“思想政治辅导教师”（当然这个名称可以再斟酌）统一代替“辅导员”。辅导员制度从最初1952年筹备开始，经历了1953年蒋南翔校长率先实施“双肩挑”的政治辅导员，到后来的“思想政治辅导员”，再到如今大家比较熟悉的“辅导员”称号。称呼的变化不仅是社会发展和变迁的结果，更是蕴含了其工作内容的变化，工作内容由原来的政治工作、思想工作慢慢增加、演变成现在这般“无所不包”的“万金油”式的工作。“辅导员”的“员”具有员工、成员的意思，这就使人们容易在字面理解上将辅导员归纳为高校行政人员、工作人员，而隐退辅导员的教师身份。久而久之，社会对辅导员形成“吹鼓手”“万金油”的刻板印象。更名活动有利于破除这种刻板印象，提高社会对高校辅导员的认同。国内有些高校已经走在了改革的前沿，例如上海交通大学已经进行改革，在相关招聘公告以及报道中，已用“思想政治教师”取代原先的“辅导员”称呼。

其二，将职业分类大典中“高等教育教师”小类细分为若干细类，并将高校辅导员纳入其中。根据《中华人民共和国职业分类大典（2015）》，辅导员并没有被单列为一个独立的职业，而只是将辅导员作为高等教育教师的一个职能。但是，如前文所说，辅导员已经符合了职业的五大特征，而且这也是辅导员职业化发展的必然要求。因此，将高校辅导员纳入高等教育教师下属细类之中，将“高等教育教师”细分为“高校专业教育教师”和“思想政治辅导教师”两个职业，这将有利于落实辅导员的教师身份，提高辅导员的社会认可度，促进其成功转型。

2. 加强社会制度建设

加强社会制度建设主要通过法律和规定的颁布，细化辅导员发展的具体方法和制度，使得辅导员发展趋于制度化、规范化、科学化。加强社会制度保障包括两个层面，即强化国家层面的制度完善和鼓励地区或者高校的制度完善。

从高校和地方层面来看，需要不断丰富相关的制度和规定。例如上海交通大学出台了《上海交通大学辅导员队伍建设实施意见》，其中第五章关乎成长与发展，为完成培养期的辅导员提供了攻读博士研究生、公派出国留学、转向专职思想政治教师等多个发展路径。虽然许多举措还处于实验阶段，但是高校辅导员发展的理念必须提前确立，因为理念是行动的指南，对行动具有指导作用

从国家层面来看，进入21世纪以来，中共中央国务院以及教育部先后印发了16号文、24号令、《高等学校辅导员职业能力标准（暂行）》《普通高等学校辅导员培训规划（2013-2017年）》等一系列指导性文件，为辅导员的

发展提供了政策上的指导。在此基础上，国家还可针对当下备受关注的辅导员职称评聘、晋升等问题出台相关文件和规定，并适时地将某些规定纳入法律法规中，为辅导员的现代转型提供更加完备的制度保障。此外，还应将高校辅导员制度建设纳入社会制度建设的体系，通过社会制度建设带动思想政治教育体制的建设，使之系统化和规范化，从而为高校辅导员的现代转型提供制度支持。

（八）构建辅导员职业化新体系

科学合理的制度体系是实现高校辅导员队伍职业化建设的重要前提。这是辅导员队伍朝着规范化、标准化迈进的重要一步，也是实现高校辅导员队伍的职业化的重要举措。

对于高校辅导员队伍的职业化建设可以这样理解，就是需要完整的职业化体制，有严格的选聘机制、考核机制、培训机制、激励机制、退出机制等。想要实现辅导员的职业化，就需要严格按照这一概念体系来执行。准确来讲，这一体系是由选聘制度、管理制度、考核制度、培训制度与职业发展制度这五项一级制度组成的，这五项一级制度还可以进一步细化成更加具体的指标。

选聘制度就是为了保障选择合适的人才进入高校，选择符合高校辅导员标准的人才进入辅导员队伍，成为其中一员。管理制度就是规范高校辅导员的日常行为，避免出现不合理的行为与现象。考核制度就是评价高校辅导员的相关工作，激发他们工作的热情与主动性，出现不合理的地方就应该及时指出，有效规避。培训制度就是优化他们的自身能力，促进辅导员队伍向着职业化的方向发展。职业发展制度就是明确辅导员的晋升与退出机制，保障辅导员队伍的持久性与稳定。

（九）保持与学生之间的和谐关系

1.树立“以生为本”的学生观

学生观是指学生工作者如何看待学生的理论化、理性化的最根本的认识，是学生工作的指导思想和基本出发点，树立怎样的学生观直接影响着辅导员的工作方式，以及辅导员和学生的关系状态。习近平曾在 2016 年 12 月召开的全国高校思想政治会上提出，高校思想政治教育工作归根到底是在做人的工作，工作要遵循学生的成长规律，要关照学生、围绕学生、服务学生，能够满足学生关于成长成才的发展需求和期待。所以，本研究认为改进辅导员工作，首先要树立“以生为本”的学生观，具体如下。

（1）以促进学生全面发展作为工作目标，以学生评价反馈为衡量指标

辅导员要充分认识到，教师的“教”只是手段，学生的“学”才是最终目的，要以“一切为了学生，为了学生一切，为了一切学生”的态度统筹教育、管理、服务职能。促进学生全面发展，一要强化问题意识，针对学生关注的热点、难点问题进行考察研究，给学生答疑解惑。二要关注学生切身需求，解决学生的实际困难，以解决具体问题促进思想和心理问题解决，如大连海事大学曲建武教授在访谈中讲到，“在新生入学后，在最短时间内翻阅所有档案，与每人谈话，了解学生思想状况和基本信息，寻找工作切入点”。三要关注特殊学生群体，面对由心理、经济、学业、就业问题等造成的“问题”学生逐渐增多，辅导员要耐心询问、积极疏导，保证学生整体健康发展。然后要以学生受益率和学生满意度作为衡量辅导员工作的重要指标，增加辅导员考核体系中的学生评价比重，使辅导员以提高学生受益率为工作方向，以真情服务和人性关怀获得学生的认可与信任。

（2）尊重与赏识学生，宽容与理解学生

2017 年发布的《关于加强和改进新形势下高校思想政治工作的意见》中强调，辅导员要在平等沟通、民主讨论、互动交流中对学生进行思想引导。首先要尊重学生主体性和个性，以平等的姿态和谦虚的态度主动深入学生。辅导员要将学生看作思想政治教育的合作者、共同体，主动与之构建师生平等对话关系，如山东大学施行辅导员“四进制度”，让辅导员进宿舍、进课堂、进操场、进网络，主动抓住一切机会与学生沟通交流。

辅导员要在沟通中主动向学生话语体系靠拢，如2014年新闻联播一段“2013爱你一生，2014 爱你一世”小“卖萌”引起网友热赞，其实在师生交流中，适当引用大学生喜爱的网络话语，可以更加贴近学生生活，拉近二者距离。在师生交往中，辅导员要学会表扬和鼓励学生，尤其是对所谓“后进生”更要多一些关爱、赏识，不要轻易批评，不要轻言教育，要尊重学生的任何一点成果，让学生敢于也乐于在其面前展示自我、吐露心声。此外，辅导员要对学生有宽容和理解之心。大学生毕竟在人生阅历、价值取向、理性思维等方面还不够成熟，出现思想和言行上的错误难以避免，辅导员要在一定程度内允许学生出错。对于“犯错”的学生，辅导员要讲求民主，给学生“辩护”的权利，根据学生特点循循善诱、谆谆教导。大学生由于生长环境不同，个性也大相径庭，有的积极表现、有的沉默寡言，有的善于动脑、有的善于动手，但是身为辅导员要以仁爱之心一视同仁，尊重不同的个性。要始终相信，“宽容与理解是培养师生感情最好的催化剂”。

2. 运用好刚柔相济的工作艺术

辅导员的管理者身份要求其严格按照校园规章制度管理学生事务，保证管理有序、事务工作圆满完成；辅导员的教育者身份又要求其做好学生的人生导师和健康成长的知心朋友，需要塑造温和、亲近的“大哥哥”“大姐姐”形象。而辅导员尤其是年轻辅导员往往在平衡“严”与“慈”时把握不好尺度，出现过严或过松，如一篇辅导员界流传很广的文章《那些辅导员想不通的事》中就提到，很多年轻辅导员受老辅导员“先严后松”方式的影响，由于把握不好尺度，往往会走向极端，将“严”变成某种“专制”“暴政”，遭到学生的抵触。还有一位中南大学辅导员在《辅导员是辅导员还是教导员》一文中写到，由于自己过于放任学生，基本不用批评，事事亲力亲为，最终使“学生缺乏基本师生礼仪，执行力与自主能力差，个性太过突出，把学生‘惯坏了’”。因此辅导员要掌握好“严”与“慈”的平衡度，将“管理”与“引导”相结合，运用好刚柔相济的工作艺术。

一方面，辅导员要多与学生沟通交流，用热情的工作态度和深厚的理论学识赢得学生的认可与信任，增进与学生的感情。另一方面，辅导员在贯彻执行学校学院的规章制度时严格遵守、一视同仁，在开展管理工作时，做到公平、公正、公开，使学生意识到“雷区”不可触碰，实现“不怒自威，亲而难犯”。通过运用好三分“管理”、七分“引导”相结合的刚柔并济的工作艺术，辅导员与学生在亦师亦友的氛围中去共同维护“规则”。

3. 提高各项工作的能力与水平

（1）提高思想政治教育课授课能力

根据 2016 年度大学生思想政治状况调查分析，思想政治理论课效果对大学生关于社会主义核心价值观认同度的影响较大，课程效果每提升一个单位，大学生对核心价值观的认同度上升 29.1%。提高辅导员思想政治教育课授课能力，一方面要充分发挥大学生的主体作用，改变传统单向教育模式，加强师生互动，如山东大学自 2014 年开始形势政策课改革，让学生以小组为单位走上讲台讲课，辅导员随堂点评，在师生互动中提高授课效果。另一方面要优化教学内容，挖掘教育素材，将理论教学与学生实际生活相结合、与全球化背景相结合，既能以“接地气”的内容吸引学生学习，又可以与国际接轨，将党政国策讲实讲透，营造良好的课堂教学氛围。

（2）提高运用网络新媒体开展工作的能力

习近平在全国高校思想政治工作会议上提出，要通过网络新媒体推动思想政治教育工作活起来，将思想政治工作的传统优势与新时期的新媒体技术高度融合。因此，辅导员需要熟练掌握网络新媒体技术，构建互动社区、主题网站等网络思想教育阵地，在网上传播正能量、唱响主旋律；能够利用网络新媒体与学生互动交流，弥补现实面对面交流较少的不足；可以利用网络及时发现大学生的思想动态和关注焦点，敏锐地预判一些苗头性、倾向性、群体性问题。

（3）提高与学生的沟通能力

辅导员与学生之间主要的交往形式是对话，有效的对话沟通是构建辅导员与学生和谐关系的重要途径。首先要健全沟通交流制度。一是要与学生每周或每月定期开展谈话交流，了解学生各个阶段的思想状况和疑难困惑，形成长效交流机制。二是做好即时交流，面临突发事件和关键节点时，与学生开展特定主题交流，此外，灵活利用如新生入学、户外实践、群体聚餐甚至路边偶遇等机会，抓住时机开展谈心谈话。其次要掌握好沟通艺术。一是要善于聆听，弗洛伊德最重要的心理治疗方法就是倾听，其实只有学会聆听，才能开启真正的沟通。辅导员要多把说话的机会留给学生，耐心倾听学生的内心想法，有针对性地开展教育引导，同时学生也有对辅导员的天然倾向性，更加愿意说出内心想法。二是要注重平等沟通，营造轻松活泼的谈话环境，一位老辅导员曾用“一杯茶水，坐着说话”的短文生动表达了营造平等、放松的氛围对良好沟通的重要意义。三是要情理交融，既要针对学生理性因素强的特点，重视理论说服，又要针对其丰富、敏感的情感，重视情感教育，做到晓之以理、动之以情。如大连海事大学曲建武教授提到的“思想政治教育就是讲道理，学生认为你讲得对，就会服你，当然教育过程中还需要情感的润色”。四是少用、善用批评，批评本身容易让人产生本能防御和抵抗，引起情绪波动等不太舒服的应激反应，一旦批评多了，就容易积蓄学生怨气。而当学生确实需要批评教育促其进步时，一定要注意用语、场合，把握分寸，让学生能够受尊重地受批评，不仅要“批”，更要“评”，通过摆事实、讲道理，实事求是地剖析问题，指出问题出在哪，哪里需要改进，评得有理有据，态度和蔼，自然会让学生心悦诚服。

树立正确的学生工作理念，提高和改进辅导员工作能力与水平，能够有效提高辅导员工作的科学化、人性化水平，同时也会极大增强辅导员在学生中的影响力、感染力，这些有助于解决辅导员对大学生过度保护、二者间存在矛盾冲突等问题。

（十）建设高校辅导员微信公众号

1.理论支撑：具备宽口径的学科知识储备

辅导员是思想政治教育的一线力量，思想政治教育是辅导员工作的学科支撑。在辅导员微信公众号建设中，辅导员应当坚持“以思想政治教育这一学科为主，为了思想政治教育这一学科”这一理念，加强思想政治教育原理、马克思主义理论、中国特色社会主义理论等相关理论的研究，同时吸收其他相关学科知识，把握思想政治教育规律，提升自身职业能力。

（1）明确自身发展的学科领域，重视提升知识底蕴

在微信公众号建设中，辅导员所扮演的角色仍然是教育者、管理者、服务者的统一，从事工作仍然以思想政治教育为先。当前，辅导员队伍专业背景多样。在同一工作领域，辅导员以各自不同的学科背景为支撑，势必无法形成良好的专业发展趋势。另外，没有良好的学科支撑自然无法满足“政治强”所要求的扎实理论功底和深厚知识底蕴。因此，明确自身发展的学科领域是推进辅导员职业能力发展的基本起点。从辅导员岗位的设立到职业能力的专业化发展，辅导员工作都与思想政治教育学科发展不可分离。无论是职责第一位的“思想理论教育和价值引领”，还是职业能力特征首先提到的“辅导员应具备思想政治教育工作相关学科的宽口径知识”，又或者是“教师和干部的双重身份”，辅导员工作始终与思想政治教育站在同一阵线。在工作实践中，尤其是在瞬息万变的移动互联网时代，第一，辅导员需要摆正自我位置，坚持提高政治素养，加强自我角色认知，剔除“吃老本”、因循守旧、得过且过的病态心理，明确自我发展主要在于“关于思想政治教育这一专业知识、主要依靠思想政治教育这一专业知识、主要为了思想政治教育这一专业知识”。第二，辅导员要通过阅读相关书目、参加学术讲座以及行业交流活动、进行思想政治教育科研立项、攻读思想政治教育博士学位等，把思想政治教育学科作为自我发展的核心基础。第三，辅导员应当坚持“听党话，跟党走”，把党的方针政策嫁接在辅导员微信公众号中，运用党言党语、学言学语、网言网语开展“有底气、有硬气、有理气”的线上教育。“萌哥有话说”中的“思政笔记”栏目、“仍然在路上”中曲建武老师的谆谆教诲就是典型先例。

（2）坚持以思想政治教育为主，丰富知识内涵外延

马克思曾指出：“理论在一个国家实现的程度，总是决定于理论满足这个国家需要的程度。”同理，理论在辅导员微信公众号建设领域实现的程度，取决于辅导员工作需要的程度。辅导员工作是一份高度综合而又细致分化的“做

人的活”，无论是线上教育还是线下指导，其所涵盖的教育管理范围涉及学生成长成才的思想、道德、学业、心理、情感、生活、就业方方面面，所从事的业务包括思想辅导、道德教育、学业指导、心理疏导、情感帮助、生活引导等各个层面。宽广的工作范围要求辅导员在微信公众号建设中，不仅需要将思想政治教育学科理论作为主体性知识基础以顺利完成贯穿公众号建设始终的网络思想政治教育使命，还需要包括教育学、心理学、管理学、行政学、社会学、法学等拓展性学科知识以高效落实蕴含在公众号建设中的学生管理、学风建设、党团要务、团队发展等方面的工作任务。

随着新媒体时代环境的变化、学生思想的发展，辅导员在微信公众号的良性互动中还需要随时应对各种情况。因此，必须把音乐学、美术学、计算机学等延伸性学科纳入辅导员知识系统中，以更广的知识面、更深的知识底蕴、更扎实的理论功底，更好地应对新情况和新问题。虽然“业务精”需要辅导员综合各门学科形成理论外延，但仅仅依据辅导员微信公众号的当前需要进行理论推演，势必无法形成合理、完善、系统的结构，且容易造成“知识散架”局面。理论外延需要紧紧依靠中心拓展，即以思想政治教育学科理论为中心，以其他相关学科知识为补充，在实践中探索思想政治教育内在规律，致力于解决大学生思想政治教育过程中的各种矛盾和问题。

（3）把握相关规律和基本关系

随着思想政治教育与信息技术的深度融合，慕课、微博、微信、微信公众号逐渐成为高校进行思想政治教育的热门载体。网络思想政治教育的主体、客体、载体、环体也成为热门的研究对象。无论是利用微信、微博还是慕课，都是思想政治教育的新现象。无论是网络思想政治教育的主体、客体还是环体，都是思想政治教育的一般要素。辅导员微信公众号也不例外，辅导员微信公众号是高校思想政治教育的新样态，大学生、辅导员是高校思想政治教育的一般要素，它们都需要遵循思想政治教育和互联网发展的相关规律，即遵循包括教育规律、思想政治工作规律、学生成长规律以及互联网发展规律在内的各项规律。脱离规律，具体的样态和要素在一定程度上都有可能出现“偏离现象”，造成实践成果粗糙、教育效果差的后果。同时，辅导员在微信公众号建设中应当在遵循规律的基础上，把握好三种基本关系。

①把握好时代发展与利用辅导员微信公众号进行思想政治教育的整体与部分的关系。在辅导员微信公众号建设中主动适应时代变化发展，善于把握机遇、积极应对挑战，根据时代发展要求更新微信公众号建设的方式，为时代的发展贡献一己之力。

②把握好指导理论与具体方法的“不变”与“变”关系。在进行微信公众号建设中仍然要以不变的马克思主义政治立场应对不断变化的新环境，以不断变化的具体方法应对不断变化的新形势和新问题。

③把握好教育主体与教育载体的关系。在辅导员微信公众号建设中，教育主体始终是辅导员，工作重心仍然是现实中的教育管理，微信公众号只是推进工作和自身发展的载体，二者不可混淆，更不可替代。

2. 内容优化：坚持以守正创新赢得人心

在平台争先、用户饱和的新媒体时代，辅导员在微信公众号建设中要完成微信推文的阅读、分享、点赞三大硬性指标以及教育和引导的两大软性指标，就必须坚持以内容为中心，把握政治性、特色性、趣味性，在主题选择、推文撰写、栏目设计、语言风格等方面既做到向上向善，又做到投其所好。

（1）注重政治性，把握意识形态

思想政治教育所灌输的观点、所传导的价值准则代表着统治阶级的意志，代表着社会的主流意识形态，具有强烈的政治导向性。教育部思政司 2018 年工作要点提到“把政治建设摆在首位，坚持党对高校一切工作的领导”。辅导员工作是高校思想政治工作的重要组成部分，辅导员是党的政策和文件的宣传者、执行者。在构建以高校思想政治工作网、易班网和中国大学生在线“三驾马车”为引领的校园网络新媒体传播矩阵背景下，要不断地开发和利用辅导员微信公众号这块方兴未艾的高校思想政治教育“试验田”，首先必须在内容上注重政治性，把握意识形态。

①坚持正确的目标导向。坚持以习近平新时代中国特色社会主义思想为引导，以十九大精神为根本遵循，以培养担任民族复兴大任的时代新人为目标，在正确的政治导向下围绕“培养什么样的人、如何培养人、为谁培养人”这个根本问题，做好辅导员微信公众号的内容编辑和发布。

②围绕新思想新内容。不同时代的思想政治教育有不同的内容，思想政治教育内容只有与时俱进、把握时代特征才能充满活力和生命力。辅导员微信公众号的建设应当围绕习近平新时代中国特色社会主义思想，特别是社会主义核心价值观、四个自信、四个意识等中心内容，在继承优秀传统与学深悟透新思想中，孕育又红又专、德才兼备、全面发展的中国特色社会主义建设者和接班人。

③掌握根本方法。党的十九大报告指出，新时代“必须坚持以人民为中心的发展思想”。新时代、新思想为思想政治教育指明了方向。辅导员微信公众号要做好注重个体价值、追求个性独立的“95 后”“00 后”大学生群体思想

政治教育工作，必须始终坚持以生为本、围绕学生、关照学生、服务学生，在尊重人、关心人、爱护人的基础上做好教育人、引导人的工作。

（2）突出特色性，做好精品推送

辅导员微信公众号只有突出特色，做好精品推送，才能区别于校园学生组织微信公众号、社会生活类微信公众号、新闻类微信公众号等，打造真正的师生交流平台以及同行学习平台。

①选特色的推文主题。主题设定要从思想政治教育视角出发，坚持用户定位，以满足学生需求和促进辅导员队伍发展为理念，遵循“明白、简单、有事、有利、有情、创新”六原则，打造“题文相符”的优质推文，使读者愿意看、喜欢看、看了有意义，而不是人云亦云，千篇一律。

②做特色的原创推送。大而全的内容远远不如小而精的内容吸引用户，因此，辅导员微信公众号除了紧跟时代做好文件政策的解读、围绕主体发展进行释疑解惑、以优质的内容做好日常思想政治教育以外，还可选取具有特色的内容进行“主打”或“精做”，以原创性特色打造品牌公众号。比如“萌哥有话说”的案例分析就是其吸引用户的原创特色。

③做特色的包装元素。在包装元素上做些不同，是吸引眼球的重要技巧。辅导员微信公众号的内容应当顺应“读图时代”多元化的表达方式，在优质的微信公众号内容中融入良好的包装元素，使推文达到赏心悦目的效果。包装元素不仅可以融入手绘漫画、微情景剧、微视频、小游戏、流行歌曲等元素，还可以借鉴“见字如面”“国家宝藏”“儿行千里”等具有教育意义的宣传节目中的元素，一改往日微信公众号图文排版的单调元素，提升公众号的鲜活度。只有在主题、特色、包装上下功夫，才能使内容更具有生机和活力。“华农鑫巴”“南航徐川”“辅导员娘亲”“萌哥有话说”等公众号就是以精选的主题、特色的原创、精美的包装在众多辅导员微信公众号中站稳了脚跟的。

（3）增加趣味性，提升教育效果

随着新媒体时代知识鸿沟和话语位差的消弭，教师所拥有的绝对话语权已然不复存在。在网络去中心化的时代潮流中，官方报道不再是受众接触外界的唯一选择，每一位受众都可以在刷新朋友圈、阅读公众号推文的过程中通过转发、点赞、留言等方式拥有话语权。如果辅导员在微信公众号的内容构建中以学术腔、文件调、教科书式为主，势必无法得到粉丝的关注和支持，那么也就无法达到良好的教育效果。辅导员微信公众号的内容想要掷地有声，首先必须改变传统的发声方式，善于将博大精深、尖酸晦涩的刻板宣传转化为贴近生活、浅显易懂、知识与趣味相统一的理论解读。

①利用正话反说的鸡汤文。鸡汤文总是正能量爆棚的，而正话反说采用逆向思维，能够给读者带来更加新鲜的阅读感受。

②把大道理蕴含在小故事中。运用讲故事的手法将道理蕴含在其中，更容易拉近与读者的距离，制造共鸣。“南航徐川”发布的《马克思的朋友圈》《小马哥的那些事》系列推文就是把马克思的生平事迹、马克思主义经典原理蕴含在一个个浅显易懂的小故事中而得到广大粉丝的喜欢的，使粉丝在趣味性的阅读中真正感受到马克思主义的价值与魅力。

③在标题和内容中制造悬念。制造悬念能够很快地吸引眼球，并获得关注。《终于等到姬哲杰，还好我没放弃》是“福师大小葵”的记者节活动推文，这其中就巧妙利用了记者节的谐音“姬哲杰”制造了悬念，大大提升了活动效果。

④利用网络热点蹭热度。选择当下的热点话题，结合推文主题进行适当改编，能够增加与用户的互动。比如“华农鑫巴”的推文《当漫威遇见华农》《我身边的那些“苏明玉”们》就是将校园事件与影视热点进行了结合，增强了互动效果。

3. 团队建设：构建专业化的培养模式

辅导员微信公众号建设非辅导员一人之力可以完成，其发展和完善离不开团队的支持。即以明确的培养要求、规范的选拔制度、健全的管理规则、有效的培训方式以及层次分明的培养步骤，做好人才的选拔、管理、培训与培养工作，实现队伍的壮大与发展。

（1）注重考察个体的能力素质

在辅导员微信公众号团队建设中，辅导员始终是团队发展的主要支撑力量，因此在进行人才选拔前，必须明确团队需要的是什么样的人才。具体来说，应当注重考察和培养个体以下几个方面的能力。

①政治理解能力。良好的政治理解能力是高校辅导员在微信公众号运营中做好学生管理和思想教育工作的基础。面对复杂的网络新媒体环境、面对社会思潮的激烈碰撞以及各种利益诉求的明争暗斗，辅导员只有坚定政治立场，对党的文件政策有正确的理解和把握，具有扎实深厚的马克思主义理论功底，才能在复杂的网络关系中，通过自身的真才实学以及实际行动，以“不教之教，无言之召”使学生感受到马克思主义经久不衰的生命力和活力，明了中国特色社会主义发展的历史必然性。

②信息察觉能力。拥有较高的信息素养是新媒体时代辅导员进行思想政治教育的必然要求。面对多种多样的信息轰炸，辅导员利用公众号有针对性地做

好思想政治工作，首先要从对信息的感知、搜集、分析和处理中探寻事件发展趋势，把握事物发展规律，找到思想政治教育的最新增长点，从整体性、长远性以及长效性三方面对搜集到的信息进行关联对比和考察探究，及时准确地对问题做出科学可靠的分析和论证。

③组织管理能力。微信公众号从设立到推广需耗费大量的时间精力，包括日常的管理、栏目的设计、线上的互动答疑、推文主题的敲定、插入照片的拍摄、相关文字的收集、版面的编排等都需要人力支持。仅凭借辅导员的一己之力，势必无法打造专业性强、受欢迎程度高、关注量大的微信公众号。因此，较为成功的辅导员微信公众号建设背后一定有权责分明、分工明确、层级管理严格、制度落实明细的团队支撑。辅导员作为这个团队的领头羊和执行者，要善于组织、整合、优化各种资源，共同做好微信公众号建设工作。

④公关宣传能力。辅导员利用微信公众号进行教育时，应当尽可能关照不同群体的利益诉求，合理设置话题议程，善于根据受教育者的个体特征进行适当引导，善于利用形式多样的主流意识形态宣传教育进行规约，善于对事件和政策进行充分解读，就受众普遍关注的利益焦点把“怎么看”和“怎么办”讲清楚、道明白，解答“在哪用力，对谁用情，如何用心，成为什么样的人”的问题，做好释疑解惑工作。

⑤终身学习的能力。《高等学校辅导员职业能力标准（暂行）》对辅导员的终身学习能力做出了较为明确的规定。终身学习的精神品质不仅是辅导员队伍职业能力提升的需要，而且是辅导员自我发展的内在驱动力。面对教育环境从现实空间向虚拟空间的转移，教育方式从以课堂教学为主走向网络平台教学，教育媒介从纸质媒体到微信、微博等网络媒体不断更新，教育客体从一维到多维的改变，作为教育主体的辅导员只有坚持学习，不断更新知识技能、加强知识储备、积累实践经验，才能满足新形势下立德树人的根本需求。

（2）完善聘任前期的选拔制度

以“研究生 + 党员 + 学生干部”为主的辅导员选聘模式，因选聘对象整体素质较高，且通过短期的考前准备、岗前培训暂时填补了选聘对象知识技能不足的漏洞，选聘对象基本上可应付常规的教育管理工作。但是长期扮演好思想政治教育一线工作者角色，没有丰富的知识储备、过硬的专业技能、良好的思想政治素养，则无法深入研究学生工作，更无法从中获得自我成长。长此以往，极易造成“专职不专业”现象。因此，在选拔人才时除了以传统的选聘模式为最低门槛以外，还需要根据辅导员在运营微信公众号所需的能力要求，增设其他条件。

①进行初步选拔。可依据辅导员职业技能大赛考核模式，进行学院报推荐，学校设立专家小组选拔合适的，最好是具有运营微信公众号基础的人才，组成人才培养后方阵营。

②联合各部门进行二轮筛选。可联合学工部、宣传部、校团委等部门对通过第一轮筛选的“种子”选手安排适当的长短期校内专题教学，通过与新媒体、微信公众号等知识相关的笔试以及实际操作能力考试等进行筛选，比如给定主题，设计一个完整的公众号推文，并进行阅读量、点赞数等方面的评比，形成第二轮实操筛选。

③选择合适的对象组成团队。通过日常表现和评比结果，从培养对象中选拔出一批“敢想、能写、会编”的“苗子”组成微信公众号建设团队，并给予适当的锻炼机会和平台。

（3）规范相对统一的管理规则

做好辅导员微信公众号团队建设，不仅需要完善选聘方式、甄选合适对象，而且需要贯穿“纪律严”的管理思路。

①从个别经验实践中探索一般方法。进行团队建设，首先应当在具体的、个别的、零散的实践中探索一般的、整体的、稳定的方法，将思想政治教育规律和微信公众号运营规律相结合，形成有规律和有条理的整体关照和宏观统筹。

②提升团队专业化水平。在经费允许的情况下，可聘请思想政治教育、传播学、管理学等方面的专家进行专业化指导，促进内容建设和团队管理，确保公众号的内容融知识性、教育性、通俗性、娱乐性为一体。另外，要坚决杜绝没有方法技巧的“单打独斗”和“一人干到底”的孤军奋战。

③进行分工管理。依据微信公众号运营各个阶段的特点，制定专业化的管理规则。将团队分成不同的合作小组，由不同的小组分别负责运营管理、来稿处理、模块排版设计、宣传推广工作以及客服咨询服务。除此之外，若辅导员日常事务繁忙且人员和经费有限，则可以团队分组的形式进行以一周或者一个月为限的轮值管理，在每学年进行考核并评比出优秀小组等。

④加强团队人员的思想建设，并制定相应的奖惩制度。在团队建设中，尤其需要注意的是保障团队运营的常态化，无论是团队理念、规章制度还是队伍构成都不可随意更换，否则势必无法掌握规律、找准方法，保持专业化和长效性。

（4）创新职业培训的方法

任何职业的专业化发展都离不开行之有效的培训系统。在辅导员岗位发展的整个过程中，培训是提升辅导职业能力，促进职业能力专业化发展的有效途径。针对辅导员微信公众号的培训应当做好以下几个方面的工作。

①建立系统长效的培训机制。除了线下开展定期的专题培训外，可借助相关的辅导员微信公众号平台开展线上专题培训学习，克服传统培训因时间、地点、场地等限制无法有效持续进行的问题，改变“东拼西凑”的碎片化培训学习。

②推行线上线下相结合的培训方式。线下的集中培训加上线上的分散培训使辅导员可以相对自主地安排时间进行学习、回顾和总结，并针对培训内容进行一一消化。

③创新培训方式。除了采用传统的专题讲座、案例分析等方式，还可以结合微信小程序等开展直播授课、微视频教学等培训方式，利用较为新鲜的方式充分调动培训者的积极性。

④依据辅导员职业能力的“最近发展区”，对照能力要求，对不同等级的辅导员进行分阶段、分层次的培训培养。对初级辅导员，着力于培养辅导员微信公众号的相关基础知识和技能，使他们在工作之初就可以具备运用新媒体的基本能力。对中级辅导员，要在培训中融入丰富的工作经验，尽可能消除倦怠心理，激发他们学习相关知识的热情，提高辅导员微信公众号建设的积极性。对高级辅导员，在发挥他们的示范作用的同时，要鼓励他们对辅导员微信公众号进行科研总结，将实践经验转化成理论成果。在培训结束后，对培训效果进行适时追踪，重点推荐使用“老中青”相结合的人才培养模式，使辅导员微信公众号团队能够在培训中更加完善。

（5）创设分步推进的发展版图

辅导员微信公众号的建设非一日之功，应当结合辅导员自身职业能力发展进行分步培养。

①培养基础性能力。主要通过笔试入围、面试选拔、拟聘前培训、聘任后反复实践以及后期的定期不定期考核，使辅导员具备基本能够完成微信公众号管理者具体任务所需要的基础性理论知识和能力结构，能够结合微信公众号开展基本的思想政治教育以及事务管理等工作。

②提升发展性能力。具备基础性能力的辅导员可根据自身特征、意愿以及专业学习经历、兴趣爱好、特长优势等构建自身专业领域，并以辅导员微信公众号为平台推进自身政治理解能力、信息察觉能力、组织管理能力等能力的专业化发展，形成自我发展的优势。

③实现领域专业化。在综合考虑社会环境发展、受教育者变化、教育媒介更替等现实因素的基础上，辅导员要不断完善自身的基础性、发展性能力，并在辅导员微信公众号建设的理论与实践反复学习和锻炼中，逐步实现领域专业化发展。鉴于当前辅导员微信公众号建设仍处在起步阶段，相对先进的工作理

念、相对稳定的工作方法、相对统一的工作模式尚在推敲琢磨中。

因此，当前的主要任务是通过校内选拔辅导员组成微信公众号建设队伍，重视利用心理咨询和就业指导两支队伍以及辅导员职业能力发展的经验，在“经验复制”的基础上努力实现创造性传承与创新性建设，逐步打造以思想政治教育专业为学科基础、为了思想政治教育这一专业知识发展的专业化辅导员微信公众号团队，并把经验普及化，以加强各大高校辅导员队伍的交流。

4. 影响提升：匠心打造优质的教育公众号

影响力是评判辅导员微信公众号是否成功的一大要素。打造有影响力的辅导员微信公众号，必须在工作人员的专业性、教育主客体的互动、微信公众号的宣传上下功夫，使用户感受到辅导员微信公众号的专业、热忱和好口碑。

（1）保证后台运营者的专业性

马克思说过：“如果你想感化别人，那你就必须是一个实际上能够鼓舞和推动别人前进的人。”在辅导员微信公众号运营中，后台运营者的专业性是提升公众号影响力，增强用户信赖度的重要因素。专业性主要包括以下几个方面。

①知识专业性。知识专业性主要是指以思想政治教育为核心的，以教育学、管理学等为拓展的，以新闻学、计算机学等为辅助的思想政治工作相关学科知识系统。

②道德专业性。辅导员在微信公众号运营中应当始终坚持以“政治强、业务精、纪律严、作风正”要求自己，从心底热爱辅导员的本职工作，时刻牢记作为一名教师的育人责任，树立网络安全意识，以高度的责任感和历史使命感，利用辅导员微信公众号开展育人工作。

③技能专业性。随着网络新媒体的更新换代和我国高等教育事业的发展，新媒体在学校育人工作中的作用不断突出。辅导员只有提升网络信息技术、新闻传播技巧、微信管理技能等方面的技能水平，才能不断提高育人水平。

④实践专业性。实践专业性即在工作实践中能够体现教育管理服务育人理念，能够得到领导和学生的认可和支持，实现理论上的“实然”到实践中的“应然”。具有良好专业性特征的运营者能够以自身专业魅力为优势，通过线上、线下的活动，使学生信赖和依赖平台，推动教育工作的顺利进行，最终实现效果上的“必然”。

（2）将微信平台嵌入各宣传口

通过对辅导员微信公众号的长期观察，我们发现除了“南航徐川”“华农鑫巴”“高校辅导员”“仍然在路上”“辅导员娘亲”等少数公众号，辅导员微信公众号的关注率和影响力仍然较低。因此，除了在运营者专业性、互动策略上下功夫外，还必须加大宣传力度。

①发挥人格魅力。良好的人格魅力是辅导员开展工作的一大加分项。在运营之初，辅导员可以利用自身良好的“圈层人际关系基础”以自我推荐的方式将公众号推荐给学生和同行，进而通过学生和同行的口碑实现推广。曲建武老师、徐川老师、梁钦老师（分别是“仍然在路上”“南航徐川”“辅导员娘亲”的运营者）在运营中就很好地利用了自身的人格魅力。

②解构社群传播，开展“微信公众号 + ”的宣传模式。社群传播的关键在于构建社群和了解社群，辅导员通过充分了解校园、朋友圈、班团委、年级群、党员群等社群的特点，分别把握这些群体的逻辑思维方式，进而准确地开展“微信公众号 + 数字化校园”“微信公众号 + 朋友圈”“微信公众号 + 班团委”“微信公众号 + 功能群”的推广和传播模式，提高教育效果。

③坚持与传统媒体进行融合。虽然辅导员微信公众号是移动互联时代辅导员教育管理服务工作的“新利器”，但是每 24 小时只能推送一次且储备有限的消息，势必无法达到理想的教育效果。融合报纸、广播、电视、校园网站主页等媒体，形成以课堂教育为基础、以传统媒体为阵地、以辅导员微信公众号以及其他新媒体平台为助推的媒体融合，有助于形成全方位的思想政治教育体系。

（3）把握上下沟通的互动策略，串联不同时间空间

辅导员所服务的对象始终是现实的人，虽然网络是人生活的一部分，但并非生活的全部，无法把所有的工作都往网络上移。辅导员思想政治工作体现在学生学习、生活、工作的方方面面，利用微信公众号进行网络思想政治教育，仅仅是辅导员思想政治工作中的一个分支。因此，应当以微信公众号为平台，实实在在做好线上、线下两个方面的教育，而互动则是串联线上和线下的主要方式。

①精挑互动内容。内容是微信公众号的“生命线”，只有良好的内容才能长时间吸引用户，才能实现持续运营。因此，互动内容要尽量做到“你无我有，你有我精”，使用户持续感受到辅导员微信公众号的美、善、精、巧、新。

②把握互动时机。优质的内容配合准确的时间则能大大提高阅读量，从而提升教育影响力。据统计，早上 8 点、中午 12 点、晚上 22 点即“睡醒后”“吃饭前”“睡觉前”是信息“曝光量”的最高点。辅导员应把握这“黄金三阶段”，巧妙推送信息。同时，辅导员要善于把握入学前后、节假日、特殊纪念日、期末考等关键时间节点，进行内容编撰和发表，以达到教育效果。

③与种子用户进行线上互动。种子用户是微信公众号阅读、点赞、转发和留言“四大生命线”的最大主导因素。辅导员在微信公众号运营较为稳定之后，可利用社会专业力量进行网络文化产品的创作以回馈粉丝。比如利用评论点赞、转发朋友圈等活动，回馈公众号粉丝专属玩偶、定制纪念品，从而进一步凝聚粉丝力量。

5. 长效发展：健全行之有效的机制

（1）设置定期不定期考核机制

《普通高等学校辅导员队伍建设规定》明确指出要健全辅导员队伍的考核评价体系。在辅导员微信公众号建设中进行适当的考核是促进辅导员职业能力发展的好办法。一方面，通过阶段性考核可以让辅导员把握当前工作状况、认识到本阶段性工作的不足、反思阶段性工作并合理设置下阶段工作目标。另一方面，通过不定期考核，相关部门还可以充分了解辅导员运营微信公众号的方式，同时加强辅导员工作的紧迫感，提升辅导员工作的规范度。辅导员考核制度应当围绕“谁来考核”“考核什么”“怎么考核”三个方面展开。

①无论是定期考核还是不定期抽查，都要确定相对稳定和规范的考核主体。确立以辅导员主管部门和微信公众号服务对象的评价为依据的考核方式，有利于考核的公正性和客观性，使考核“有主可依”。

②考核应当有明确依据，以辅导员职业能力标准为总则，确定针对性的考核内容和科学性的方法，使考核“有据可依”。

③不定期考核绝非等同于没有依据、没有章法的临时性考核。一般考核应当选在关键时间节点前后，在相应的周期内进行，使考核“有时可依”，减少考核过多、过细、过密对考核对象带来的负担。

（2）强化层层推进的激励机制

为做好辅导员微信公众号建设，应当以 WCI 指数为基准，利用文章发布量、原创占比、平均阅读数、平均点赞数以及头条阅读点赞数等，强化各方面激励机制，满足辅导员的多层次需要。

①为满足人的基本需要应当给予基本的物质激励。只有基本的需求得到满足之后，才会有时间和精力去考虑个人发展、职位晋升等方面的问题。应当在适当提高辅导员待遇的基础上，对在辅导员微信公众号建设等方面表现突出的辅导员给予更多的物质鼓励，适当改善薪酬结构，增加工作补贴、进修经费，以在经济层面给予更多的保障，较好地满足辅导员的生存需要。

②为满足中层需要应当给予适当的目标激励。“研究生 + 党员 + 学生干部”

的聘任模式本身就已经可以说明辅导员队伍是一支素质较高的知识分子队伍，他们不仅仅满足于基本的物质需要，更希望可以实现个人发展。在辅导员微信公众号建设中设置小组负责人、模块负责人等，可以使辅导员在基本工作完成的基础上，有进一步发展的想法。

③为满足高层次需要首先应当利用情感激励给予关怀。首先，领导给予一定的关心、鼓励和问候有利于激发辅导员工作的热情和创造力。其次，应当利用荣誉激励给予自信，不仅要延续年度优秀辅导员等常规激励，还要设置优秀新媒体工作辅导员等特殊奖励给予自信。最后，应当利用榜样激励给予动力，使辅导员在微信公众号建设的“学先进、争先进、当先进”的氛围中不断进步。

（3）建立横纵结合的内省机制

内省机制是指辅导员以自己的思想政治工作为反省对象，对自己的工作行为、工作态度、工作效果等方面进行分析，从而改进自身工作实践的过程性活动。当前，辅导员工作内省机制尚不健全。从长远来说，完善辅导员内省机制是促进辅导员微信公众号建设，推进辅导员职业能力发展的必行之举。反省机制的建立关键在于循序渐进的个体反省和集体反省。首先从个体开始，通过个体对自己在微信公众号运营中遇到的棘手问题、工作瓶颈等方面进行反省以不断完善工作方法。其次，在个体反省之后仍进步不大的情况下，反馈给相关部门，形成整体性、制度性、大框架的反省和整改。

具体方法有：①利用传统渠道进行反思。可通过会议、科研、沙龙、讲座等形式在校内营造良好的反省氛围，使辅导员基于本心认同这种氛围，积极通过以时间为维度的“纵向反思”把握自身在思想政治工作中的不足之处，并在下一阶段的实践中进行整改。②利用辅导员微信公众号等新媒体拓宽反省渠道。通过微信公众号的互相交流、排行榜榜单的激励性反思，辅导员在进行信息浏览、互动交流的过程中了解到其他同事的好做法好经验，通过“横向反思”，积极主动地挖掘对自己有价值的信息和知识，并进行选择、吸收和消化，从而内化为自我知识。这种基于网络新媒体的反省不仅可以解决辅导员内省“没时间”“没空间”的问题，还给予了辅导员更多的学习时间、更大的学习空间，有利于实现反省的即时性、全面性。

第七章　高校思想政治教育发展的趋势

要想让思想政治教育能够得到深入开展，除了要对高校思想政治教育的历史经验进行总结，对高校思想政治教育的特点与规律进行探索之外，同时应该对高校思想政治教育的时代要求以及发展趋势进行把握，这也是做好高校思想政治教育工作的前提条件。本章主要分为高校思想政治教育的人本化趋势、高校思想政治教育的民主化趋势、高校思想政治教育的社会化趋势以及高校思想政治教育的综合化趋势四部分。

第一节　高校思想政治教育的人本化趋势

一、高校思想政治教育人本化趋势的内涵

目前，国际以及国内的形式处于不断的变化之中，同时高等教育本身的情况也在不断地发生变化，导致了高校思想政治教育工作的对象、面临的挑战及存在的问题也发生着深刻的变化。因此，高校应创新与优化思想政治教育的工作模式，让高校思想政治教育的主体性凸显出来，让思想政治教育朝着人本化的趋势不断发展，这是高校针对大学生思想政治教育现状、应对新时期思想政治教育面临的挑战所进行的有益探索。

二、高校思想政治教育人本化趋势的成因

（一）我国社会发展目的的需要

社会发展的目的是促进人的发展，不断去满足人们日益增长的物质需要和精神需要。生产力的发展是人类社会能够进步的根本原因，而生产力的发展则依靠的是生活在现实生活中的人。历史是由人民群众创造出来的，人类社会进步的过程就是人推动生产力发展的过程。在这个过程中，人本身产生的需要就是多层次、多方位的。所处的时期不同，人们本身也会有不同的需要，当一个

需要得到了满足之后，新的需要又会产生，同时人本身也在不断进步和发展。

在原始社会，由于自然环境的严酷，人的主要任务是能够在严酷的自然环境中生存下去，也就是要解决吃穿住行等问题。而在人们不断解决生存需要的同时，推动了生产力的发展。随着生产力的发展，分工出现了，私有制也随之出现。私有制必然会产生不自由、不平等，人的全面发展就没有办法得以实现。生产资料的私有制一定会导致资源控制方面的不平等，因此会导致人在物质方面会产生不平等的现象。上层基础是由经济基础决定的，人们在物质方面的不平等也会导致权利方面的不平等，人的全面发展也是不可能成为现实的。

由于生产力的高度发展，旧的生产关系逐渐消除，新的生产关系不断成熟，社会主义的生产关系才可以得到成长，最终成为共产主义的生产关系。“在共产主义社会高级阶段，在迫使个人奴隶般地服从分工的情形已经消失，从而脑力劳动和体力劳动的对立也随之消失之后；在劳动已经不仅仅是谋生的手段，而且本身成了生活的第一需要后；在随着个人的全面发展，他们的生产力也增长起来，而集体财富的一切源泉都充分涌流之后——只有在那个时候……社会才能在自己的旗帜上写上：各尽所能，按需分配！”只有生产力高度发达，才能使社会主义公有制过渡到共产主义公有制，才可以让劳动生产率得到大大的提高，减轻劳动的强度，为劳动者的全面发展创造条件，并且使劳动成为生活的第一需要。只有积极发展生产力，保证经济的健康、快速发展，才能为彻底扬弃异化现象，促进人的全面发展创造必要的物质条件。由此可见，生产力的发展是社会的发展、人的发展的重要前提和标志。社会主义的根本任务是解放生产力和发展生产力。

在当今中国的现实生活中，由于片面强调经济的发展，忽视了人的主动性和创造性。人被当成被动的工具和手段，完全为了发展经济这一目标。在这种情况下，人被边缘化了，人的正当需求得不到满足，人的能力差异遭到忽视，人的个性的发展受到压抑。我国是人民当家作主的社会主义国家，广大的人民群众不仅是社会主义现代化事业的建设者，而且也是其主力军，而实现现代化的程度是以人的全面发展程度为检验目标的，因此，实现社会主义现代化、促进社会历史的进步必须树立“以人为本”的价值观。不能把人当成经济发展的手段，也不能把人当作某些腐败分子谋求私利的工具。唯有对“以人为本”的价值观加以坚持，才可以从思想上减少直至克服物对人、人对人的统治，才能为异化的扬弃提供思想条件。丰富人的精神生活，加强思想政治教育人本性价值极其必要。故此，应该顺应人类历史发展的基本趋势，为培养当代人的自由个性努力服务。

（二）市场经济健康发展的需要

市场经济的快速发展在给思想政治教育提供一定的物质基础的同时，也为思想政治教育带来一定的困扰。我国正处于社会主义初级阶段，市场经济建设方面还不完善，存在一定弊端，由此带来了一些负面影响。例如，利益至上的原则，使得人单纯地追求物质方面的利益，忽视人的价值和精神追求，因此造成了人变成了单向发展的片面的人。思想政治教育人本化不仅关注人的物质需求，而且注重人的精神世界、尊重人的主体地位。要想让社会主义市场经济得到完善，就应该对人本化的思想加以坚持，这主要是因为思想政治教育人本化是完善市场经济的重要选择。

首先，随着人类社会的不断进步和发展，人不断突破对他人的依赖和对物的依赖，能够依靠自身的劳动，向着人的自由全面发展前进。当今社会，伴随着经济体制、政治体制的改革，人的思维方式也在转变。如果仍然保持着对他人、物的依赖，缺乏独立性、自主性和创造性，将会严重阻碍市场经济的完善和发展。现阶段学校思想政治教育中的非人化倾向扼杀了人的主体性和自主性，所培养出的固定的思维模式、依赖性的人格，都无法使祖国未来的建设者成为推动市场经济发展的主力军，而思想政治教育人本化完善人的德性、发挥人的能动性和创造性、促进人的全面发展，这与市场经济对于人的要求是统一的，是市场经济完善和发展所呼唤的。

其次，市场经济有其自发性和盲目性，在这种情况下，人们所追求的人生目标通常是物质财富，并且在对自己的价值与他人的地位进行衡量的时候，有用占有作为标准的倾向。正是这一不正确的价值观更加深了人们的异化程度。因此，要消除市场经济带来的这种异化现象，就必须要努力改正人们思想中不正确的价值观念，把“以物为本”的价值观转变为“以人为本”的价值观，即将完善人作为社会所有活动的宗旨，以人的全面发展为最高目的。

最后，要想促进社会主义市场经济的健康发展，也需要人本化的思想政治教育。市场经济强调竞争和效率，在这种环境中，具有主体性的人更加符合社会的需求。物化思想政治教育培养出来的人是失去主体性和创造性的。

（三）思想政治教育的客观需要

我们正处于并将长期处于社会主义初级阶段，社会生产力发展不平衡使人的独立性被对物的依赖所束缚，导致人的发展片面化、畸形化。由此，转变传统的思想政治教育模式，使思想政治教育立足受教育者发展实际，发挥其引导作用，不断提高受教育者的科学文化素质、思想道德素质、身心健康素质，推进人的全面自由发展尤为重要。

思想政治教育的价值本质蕴含人本化要求。“以人为本”在思想政治教育的视域下特指以受教育者为本，也就是在进行思想政治教育工作的时候，将受教育者当作立足点与出发点。实现受教育者的全面发展不仅是思想政治教育工作的价值体现，还是思想政治教育工作的最终目标。具体表现在两个方面。首先，思想政治教育应该用人的方式理解人，充分考虑人的主体性因素。我们的受教育者是活生生的具有主体能动性、独立自主意识的人，教育效果的好坏既取决于教育者的灌输方式，又依赖于受教育者的自主建构。其次，思想政治教育引导受教育者的成长和促进每一个受教育者全面自由发展。思想政治教育人本化，就是强调思想政治教育要积极开发利用富含正确价值引导功能的生活资源，通过思想道德实践，引导现实的人探究生活的意义、思考人生的价值，从而让自己的生活质量不断得到提升。

在开展思想政治教育的过程中，存在着对主体认识模糊的现象。或者将教育者当成主体，将受教育者当成客体；或者将抽象的社会当成主体，而将现实的人当成客体，这些看法都是不科学的。受教育者与现实的个人才是科学的思想政治教育的主体。这就给我们启示：一是要坚持以现实的个人为中心的思想政治教育理念，将现实个人的生活实际作为出发点，真正做到一切为了人，充分了解人，事事关心人，时时依靠人，处处发展人；二是要着力调动现实的个人的主观能动性，让人的主体意识得到切实的加强，对人的主体精神进行培育，并且要对人的主体能力与人格进行培养。

三、构建高校思想政治教育人本化体系

（一）“以人为本”教育理念深入化，充满人文关怀

高校生思想政治教育的本质是培养人、塑造人、发展人的工作，要坚持深入理解“以人为本”的核心理念，不停留在口头上，在教育工作中充满人文关怀。体现在三个方面。首先，教育者应放低姿态，与受教育者平等地对话交流。其次，从大学生所处的身心特点出发，引导他们处理好学习成才、人际交往、心理健康、就业等实际问题。最后，特别关注经济困难学生、学习困难生、心理不健康学生等特殊学生，用心帮助他们获得自信。

（二）“以人为本”教育方式多样化，尽显时代特色

转变过去单一、粗暴的说教，在进行高校思想政治教育工作的时候对网络

数字化新媒体进行大胆创新。主动开拓互联网上的思想政治教育，创建红色教育网站，进行微博话题互动，创新网络的信息服务功能，使大学生在浏览红色网站中、在参与活动中、在感受便捷服务中不知不觉地树立正确的世界观、人生观和价值观。积极开展特色校园文化，培育大学精神，潜移默化地让处于其中的大学生受到影响。

（三）“以人为本”评价体系分层化，实现各尽其长

在评价大学生的时候，所采用的评价标准不应该是单一的，而是应该根据大学生本身的专业、兴趣、性格以及特长等进行细化，制定多层次的成才评价体系，使每一个大学生都能在这个体系中找到自己的成才目标定位。这样的评价标准，不仅使大学生个体自主选择发展方向，更容易实现个人成功，而且也满足社会多元化人才的发展需求。

第二节　高校思想政治教育的民主化趋势

一、高校思想政治教育民主化的内涵

思想政治教育民主化，是指在思想政治教育中始终贯彻“以人为本”的思想，在强化思想政治工作者的民主意识和尊重广大人民群众的民主权利的基础上，使广大受教育者和教育者共同参与思想政治教育的决策、实施、检查和评价的全过程，创建一个不仅有集中而且有民主，不仅有纪律而且有自由的环境与心理氛围。它包括教育者和受教育者关系民主化、思想政治教育方式民主化和思想政治教育工作作风民主化等几个方面。这就要求在思想政治教育中，不仅要充分地相信与尊重受教育者，还要充分地重视与发挥受教育者的主动性、积极性以及创造性，鼓励他们自省、自立、自强，实行“四不”（不打棍子、不扣帽子、不抓辫子、不装袋子）主义。思想政治民主化的实质就是营造思想政治教育工作者与其工作对象之间的民主、平等、信任的环境和心理氛围。

二、高校思想政治教育民主化趋势的成因

（一）社会主义民主的本质要求

目前，我国在建设中国特色社会主义伟大事业的历史进程中，社会主义民主不断发展，人民群众的民主权利不断扩大，民主意识不断增强，也日益要求在思想政治教育中充分发扬民主。在对人民群众进行教育的时候要运用民主的

方法，并且要在平等的基础上加强思想方面的交流和沟通，从而让人民内部存在的思想矛盾问题加以解决。在我国的社会成员中，大学生这个青年群体的文化程度是比较高的，与普通的社会人员相比，他们的综合素养是比较高的，所以，与普通的社会人员相比，在对大学生进行思想政治教育的时候要运用民主的方法。

（二）社会主义市场经济发展的必然产物

随着社会主义市场经济的发展，我国社会中的经济成分、组织形式、就业方式、分配方式、生活方式等方面都开始变得多样化，而这必然导致大学生学习、行为、生活以及就业方式的多样化，导致大学生群体结构和价值取向的新变化。由于大学生的家庭有贫有富，有独生子女也有非独生子女，大学生中出现了不同的利益主体以及价值取向，不同的利益主体本身的利益诉求也有所不同，需要给予其渠道与机会，让其对利益进行表达，进而让自身的权益得到保护。之所以会形成不同的价值取向，主要是因为存在着不同的思想，因此，需要为思想交流提供渠道与机会。而从高校思想政治教育的角度来说，就需要提供这种利益表达和思想交流的渠道和机会，使不同的利益诉求受到重视和体现，使不同的价值取向在社会主义核心价值体系的引导下凝聚成共同的价值选择。这也就是高校思想政治教育民主化的过程。

（三）现代信息科学技术发展的产物

现代信息科学技术的发展，使人与人之间信息交流的方式发生了前所未有的改变。在高校思想政治教育中，过去教育者享有思想信息获取的优先权和垄断权，现在思想信息获取的机会日益均等，受教育者可与教育者一样甚至可能比教育者更早地获取思想信息。教育者需要以更加谦虚、民主的态度开展思想政治教育工作，并且在通过互联网获取思想信息的时候，应该自觉地将自己放在学习者的位置，主动地了解最新的网络动态和思想信息，了解大学生的见解、想法和感受，在平等的基础上与大学生进行信息交流和思想沟通。

三、促进高校思想政治教育民主化趋势的途径

（一）建立平等师生关系，尊重学生个体差异

要想促进高校思想政治教育民主化趋势，最基本的是要改变传统教育体系

对教师权威的盲目崇尚，使教师成为学生学习路上的参与者和合作者，构建平等的新型师生关系。教师应该及时更新教育观念，变单一形式的讲授知识为师生之间的相互沟通交流，除了要做学生学习的引路人，更要成为学生的交流伙伴，注重培养学生健康的政治觉悟和良好的思想道德品质。思想政治教学运用民主教育理论，应该把学生的发展需要作为工作重点，及时了解学生情感、态度的变化，尊重学生的个体差异，给予学生平等的关怀和帮助。在师生平等交往、充分交流的基础上，将思想政治教育与学生个人发展联系起来，提高思想政治教育的实际效果。

（二）倡导民主教学方式，引导学生积极参与

教师教学方式从广义上可以分为专制型、放任型和民主型。这三种不同类型的教学方式，对学生的成长会起到不同的效果。相关教育调查显示，民主型教育方式能够有效激发学生的学习热情，活跃课堂气氛，提高学习效率；专制型教学方式会让学生产生较大的心理压力，学生在教师严厉苛刻的教育中难以集中精力，学习效果不佳，甚至身心发展会产生较大问题；放任型教学方式对学生没有要求、完全放手，这种对学生疏于管理的教学方式会使学生感到茫然无措、无所适从。通过对三者的比较可以看出，民主型教学方式能够使教育取得最大成效。这启示我们，在思想政治课堂上，教师应该努力营造一种民主的课堂氛围，既不对学生提出苛刻要求，也不能对学生放任不管，而是运用民主教育理论构建民主的思想政治课堂。同时，要注意引导学生积极参与，提高学生的课堂参与度，使学生由知识的被动接受者转变为主动获取者。缺少学生参与的课堂是缺乏生机和活力的课堂，很难实现教学目标。判断一节课是否高效和成功，在很大程度上取决于学生对教学的参与度和学习目标的最终达成情况。这就要求教师设计多种新颖的教学活动，灵活运用多种教学方式，联系时事生活事例，培养学生主动学习的良好习惯，打造充满生机和活力的课堂。同时，要适应社会变化发展形势，结合时代热点，丰富思想政治教育内容，改变传统教学方法，让学生在贴近社会、贴近生活的教学情境中积极参与、动手实践，从而提升思想政治教学实效。这既是营造良好课堂氛围的重要抓手，也是促使学生由被动学习转向主动学习的必然要求。

（三）联系现实生活实际，勇于创新教学思路

新一轮课程改革已经全面铺开，但在很多思想政治课堂上仍然运用的是传统的教学理念、教学方式。传统的思想政治教学方式是教师依靠内容固定、统

一的书本理论，在课堂上进行传授、演示。这在一些中老年教师的课堂教学中尤其明显，阻碍了课改的深入推进。从民主教育理论的视角来看，教学活动在遵循教学规律的同时，对于教学的艺术也应该加以重视。要从教学科学性出发，固守某些恒定的原则和方法；要从教学艺术性出发，发挥教师和学生各自的主体性和创新性。之所以要这样做，是因为能够突破教学上存在的惯性，使教学活动既有常规又富创新，既有恒态又有变化。结合思想政治课程的特征，联系现实生活实际，是创新教学思路的有效突破口。高校思想政治教育的民主化趋势要求思想政治教学必须以现实生活为基础，使学生能够将理论知识与实际生活联系起来，通过已有生活经验来把握教学内容，从而更加深刻地体会思想政治学科的丰富内涵，感受课程的生机和活力。在教学实践中，教师要密切联系现实生活实际，勇于创新教学思路，在对固定的知识进行讲授的时候，应采取灵活多样的形式，以此来激发学生主动思考、积极参与课堂互动，深化对思想政治学科知识的理解与掌握。

第三节 高校思想政治教育的社会化趋势

一、高校思想政治教育社会化的具体体现

高校思想政治教育社会化，指的是高校促使大学生全面发展的教育过程，发挥思想政治教育为社会服务的功能，实现学校教育与社会教育的无缝连接，取得学校、社会、家庭、个人之间的相互融合，最终促进社会主义建设者和接班人的全面发展与综合进步。高校思想政治教育社会化主要体现在以下几个方面。

第一，思想引导。目前，高校思想政治教育的主要对象是“00后”大学生，他们思维发散，个性独立，易于接受新鲜事物，属于网络时代的“原住民”。当前社会网络资源鱼龙混杂，社会风气受非主流冲击，西方文化潜移默化影响等，导致大学生的思想观念与价值追求出现偏颇。大学生利己主义、铺张浪费等时有发生。高校应该对大学生思想政治教育进行强化，发挥思想引导作用。

第二，缓解矛盾。大学生在社会交往中容易与其他学生在学习、生活与活动中产生各种矛盾，师生在沟通方面也存在一定隔阂，学生在社会实践或社会兼职过程中与社会人员也会产生诸多矛盾。高校的思想政治教育应凸显社会功能，缓解各种社会矛盾，促进校园和谐与社会和谐。

第三，激发潜能。高校是为社会主义现代化建设培育新人的主阵地，大学

生在学习理论知识之余，应利用社会资源和社会平台提高自身的实践能力。高校教师应当发挥思想政治教育社会化功能，利用社会资源，搭建社会平台，在社会活动中激发学生潜能和提升其能力。

二、高校思想政治教育社会化的特点

（一）高校思想政治教育社会化的对象具有新特点

高校思想政治教育的对象是新时代的大学生，他们社会化程度明显较高，与社会融合度也很高，对社会资源的获取能力强，利用信息化手段和网络平台的能力较强。高校思想政治教育社会化服务的对象是与思想政治教育有密切联系的社会平台。这一平台既有实践基地，也有网络媒介，既可以通过校外实践来实现，也可以通过校内活动来实现，具有多元化的特点。

（二）高校思想政治教育社会化的客观环境具有新特色

社会环境对于思想政治教育具有重大作用。马克思指出："只有在共同体中，个人才能获得全面发展其才能的手段，也就是说，只有在共同体中才可能有个人自由。"目前，高校思想政治教育面临的社会环境更复杂，更多变。在经济全球化浪潮下，中国深度参与，高校教育与社会接轨程度越来越高。高校思想政治教育要充分发挥社会化的优势，尽量避免社会化带来的弊端，促进大学生思想政治教育的全面发展。

（三）高校思想政治教育社会化的具体落实者具有新特质

高校思想政治教育社会化的具体落实者不仅包括高校思想政治教育专业教师，还包括各专业辅导员、班主任，甚至是所有任课教师，具体落实者的范围进一步拓宽。所有专业教师都要铭记立德树人的教师使命。新时期对高校教师，特别是从事思想政治教育的教师提出更高要求，要求广大教师思想道德素质过硬，政治立场坚定，注重教育教学方法，善于运用新媒体解决学生的实际问题，对具体落实者的社会能力要求进一步提高。

三、高校思想政治教育社会化的目标

高校思想政治教育为谁服务、怎样服务、服务效果如何，成为新时期高校思想政治教育探索社会化功能的崭新目标，主要体现在以下几个方面。

首先，教育具有阶级性，高校思想政治教育的社会化功能是为无产阶级服务的。我国高校要坚持社会主义办学方向，为中国共产党治国理政服务。西方国家的大学教育同样具有阶级属性，是为资产阶级利益服务的。

其次，教育具有人民性，高校思想政治教育的社会化功能是为人民服务的。高校大学生未来都要离开校园，走向社会，成为人民群众中的一员。我们进行的思想政治教育不是空中楼阁，不会昙花一现，一定要真真切切为人民群众服务，增强“四个自信”，树立社会主义核心价值观。

最后，教育具有社会性，高校思想政治教育的社会化功能是为社会主义社会的全面进步、为深化改革开放服务的。社会的经济发展、政治完善、文化进步、社会和谐与生态良好，需要高校思想政治教育进行积极引导，实现学校教育与社会教育的深度融合，最终促进教育目标的实现，实现我国社会主义社会的现代化、中国共产党的完善治理及中华民族的伟大复兴。

四、高校思想政治教育社会化存在的问题

（一）教育目标与社会脱节

教育目标是关乎将受教育者，也就是将大学生培养成什么人的关键问题。目前，高校教育目标的制定是在以教育部相关学科建设的规章制度要求下进行的，对学科发展以及学校发展规划的因素考虑得比较多，对服务社会意识的注重程度明显不够，对学生的综合实践能力要求不高。高校教育的目标是促进学生的全面发展，但学生的发展往往依托学科专业建设，无暇顾及思想政治教育与社会的真正契合度，导致学生的发展与社会脱节的现象时有发生。面对经济全球化的冲击，西方价值观念的影响，部分学校急功近利，只关注眼前利益，只注重与其学校发展有直接关系的专业发展，对思想政治教育的重视程度不够，教学目标偏向功利化、短视化。

（二）教育内容与社会脱离

教育内容是决定大学生如何培养的关键环节。高校进行教书育人工作，教育内容有着严格的程序规定与制度标准，但是与作为受教育者的学生迅速发展的思维来说，教育内容的更新速度比较慢，有些思想政治教育内容已经脱离了社会前沿内容，没有办法对当前国际国内重大问题、热点问题和敏感问题进行及时的反应，对学生的吸引力不够。枯燥的理论教育引导往往脱离社会现实，学生容易产生消极情绪，单调的教育方式往往不够灵活多变，学生注重程度明显不如专业课程，不利于思想政治教育效果的有效提高。

（三）教育方式与社会脱位

教育方式是推动大学生综合发展的多样平台。教育方式要想能够引发共鸣，就必须贴近生活，贴近学生，贴近时代。现阶段，高校依旧在采用比较保守的方式进行思想政治教育，虽然各高校针对思想政治教育工作也进行了许多尝试，如建立班级微信群，采取校园文化、社会实践等形式丰富思想政治教育的形式，可是这些教育方式在创新方面依旧比较缺乏，存在与社会脱位的现象。高校进行思想政治教育仍然以进行课堂说教为主，其他形式只能作为补充开展，教师开展活动频率较低、学生参与度不高，而且思想政治教育对社会资源利用不充足，与社会之间的切合度也不高，仍然有较大空间可以挖掘利用。

（四）教育评价与社会脱钩

教育评价是检验大学生是否培养成才的审核环节。思想政治教育本身具有批判的功能，形成的教育评价最终目的是促进大学生的全面发展，实现大学生的个人价值与社会价值的双提高。但是从目前的情况看，教育评价往往流于形式，模式化的教育评价往往对学生没有激发作用。大学生本身对思想政治教育的热情不高，如果评价机制过于死板、僵化，对学生的教育评价一刀切，无法体现学生的个性特征，会阻碍大学生参与思想政治教育活动的积极主动性。目前高校思想政治教育评价基本局限在校内，由任课教师来进行操作，社会参与度较低。特别是针对社会实践、社会公益活动等的评价几乎与社会评价脱钩，评价不全面、不客观。

五、实现高校思想政治教育社会化的路径

（一）教育目标要因时制宜，服务回馈社会

高校教育的目标是培养人才，培养为社会主义社会服务的全面发展的人才。不管是长远目标还是近期目标，高校发展的最本真的诉求就是通过教育实现人才的可持续发展和全面进步。大学生的全面发展，一方面要实现自我的个体发展，包括独立适应社会的能力、主动参与社会的能力与利用专业知识技能实现自我价值；另一方面大学生要实现服务社会的目标，包括促进社会整体的有序进步、社会资源的规范供给和社会人员的合作共赢。高校思想政治教育应当注重实现大学生自我发展与社会发展的双向融合。高校思想政治教育的目标一定要因时制宜，符合时代发展要求，符合大学生全面进步的诉求，符合社会经济、政治、文化等多元需求，实现对人才的全方位提高，以期最大成效地服务社会、

回馈社会。信息化社会的今天，社会对人才培养提出了更高的要求，因此高校在制定教育目标时，更加应该与时俱进，明确社会对人才目标的要求，这样才能更好地回馈社会和服务社会。

（二）教育内容要因人而异，体现社会融合

1. 注重因人而异，体现学校与社会的融合程度

教育内容一定要有针对性，注重在进行思想政治教育过程中的学生群体的个性差异，这才能真正做到因人而异。这要求教师在教授思想政治教育内容时，多考虑新时代社会发展的实际情况，多考虑新时代大学生的实际情况，多考虑新时代高校服务社会的实际情况。社会资源是高校思想政治教育非常丰富的资源宝库，地方的爱国主义基地、实习实训基地、实践拓展基地等都具有思想政治教育价值，高校应该对其进行有效的利用以及合理的安排。

2. 注重因地而异，体现高校思想政治教育对社会融合的广度

高校所处地区都具有独特的地方资源，都可以有效利用。一方面，大学生可以了解地方文化，深入实践基地、深入社区、深入工厂等，为大学生了解、接触社会提供有利的渠道。高校在发挥服务地方的社会化功能的同时，社会对高校思想政治教育的影响力也在逐步加深。社会资源的共享性，有利于大学生在网络平台了解更多的社会现象，深化对我国社会发展变革的正确认识。另一方面，大学生在接受思想政治教育过程中能够实现服务地方发展的目标，最终促进地方发展与高校大学生的共同进步。社会的进步是由一代代青年通过所学知识和技能推动的，前提就是大学生要具备良好的思想道德素质和政治觉悟才能学有所用，发挥所长来回报社会。

（三）教育方式要因地制宜，利用社会资源

教育方式应当灵活多样，特别是高校进行思想政治教育要充分利用社会资源，进一步凸显思想政治教育的社会性。思想政治教育不能仅仅局限在课堂进行丰富多彩的师生互动，更需要走出课堂，走进社会，在具体的社会环境中进行爱国主义教育，这样教育效果才能更加真实有效。在真实的社区单位中进行社会实践活动，学生的实践能力和专业技术水平得到有效提高；通过开展送爱心、结对子等公益活动，大学生的思想道德素质得到提高，教育方式更真，教育社会影响力更大。

高校所在的城市、街道甚至周边乡村都有许多地方资源可以充分挖掘、利

用，从而让不同专业的大学生施展自己的才华。地方社会资源具有极大的便捷性、可操作性，对大学生的影响力更为直接，大学生对社会资源的利用率也非常高。高校进行思想政治教育的方式可以进一步灵活化和多样化，校内和校外活动相结合，线上和线下活动相配合，小组和团体活动相互融合。新时期，高校思想政治教育要拓展社会化功能，在利用社会资源方面要充分考虑网络资源和网络平台对大学生的重要作用。

《中国互联网络发展状况统计报告》显示，截至2020年6月，中国网民规模达9.40亿，互联网普及率达67.0%。其中，学生占网民总数的23.7%，位居首位。这表明，大学生已经成为使用网络资源、接触网络社会最密集的群体。这意味着高校进行思想政治教育必须要重视网络平台与网络资源，充分发挥网络资源的特性。

首先，网络资源具有开放性，大学生可以随时掌控和操作。高校利用网络资源进行思想政治教育，一方面拓展了教育平台，丰富了教育形式，可以有效利用网络博物馆、视频资料等对学生进行专题教育；另一方面能够打破时间和地域的限制，实现学校教育、社会教育与家庭教育的三方联动、多管齐下与密切合作。

其次，网络资源具有高效性，大学生参与度较高。社会实践活动、社区公益活动都是非常好的社会服务项目，但高校操作程序较为烦琐，学生参与度有限，活动实施频率也受到限制。而网络媒体时效性强，操作简单，能够实现全员、全程参与，而且活动成本比较低，非常便捷。

最后，网络资源具有互动性。课堂进行思想政治教育，往往局限于教师在课堂讲授，师生互动需要教师的积极引导，能参与的学生也比较有限，而且现在各高校学生人数众多，大班授课，进行思想政治教育的效果难以保证。网络平台能够实时互动，学生可以展现自己的个性，能够借助网络渠道实现师生之间的平等交流，有助于完善高校思想政治教育的社会化功能。

（四）教育评价要因势制宜，结合社会评价

教育评价并不是一次考试就可以终结的，现在高校注重过程性评价，这一过程性评价的范围也在逐步拓展，最终形成的教育评价结果要充分体现思想政治教育的价值所在。思想政治教育的价值体现要既注重个人评价又注重社会评价，其中社会价值更为关键。“服务社会能够体现思想政治教育的社会价值，也最能表现出思想政治教育社会性、公共性的价值关怀。”高校进行思想政治教育，需要根据教育评价进行调整，从而促进教育的长远发展。高校思想

政治教育形成科学有效的教育评价需要达成以下三方共识。

首先，国家要有政策支持，在政策上凸显思想政治教育的社会化功能，将其作为落实教育评价中的重要一环。国家教育部门应该根据实地调查和科学规划，在强调思想政治教育重要性的同时，突出思想政治教育的社会化功能，要落实到具体政策上。

其次，学校要有顶层设计和配套方案。高校应在学校制定发展目标规划和措施落实方面，充分体现思想政治教育的社会化功能。高校在思想政治教育活动开展、落实和评价方面要有明确的目标要求、具体的内容规定和真实的效果支撑，这样才能真正体现高校思想政治教育的社会化功能。

最后，教师要有针对性的具体评价方法。教师进行思想政治教育评价，应当制定行之有效的具体评价方法，注重过程性评价，注重学生社会实践能力的提高，注重学生理论与实践的融合发展。教师一定要格外注重进行后期评价的反馈与经验总结，有助于判定思想政治教育的评价方式是否可行。

第四节　高校思想政治教育的综合化趋势

一、高校思想政治教育综合化趋势的根本依据

（一）社会系统性是社会发展的本质要求

社会是一个有机系统，它是由经济、政治以及文化等要素构建而成的，经济发展为政治、文化发展提供物质基础，而政治、文化发展又为经济发展提供制度保证和智力支持。假如对社会的系统性与整体性不加以重视，只是片面地对经济的发展进行强调，为了推动经济的发展而不惜牺牲政治民主和文化繁荣，不仅会造成不和谐局面，还会导致社会矛盾的出现，这样一来，不仅会对社会的全面进步产生阻碍，而且会让人的全面发展受到影响。当前，我们正在建设的和谐社会就是社会协调性和系统性发展的重要表现，综合化是其突出的特点。经济、政治、文化和社会“四位一体”的发展模式，更加重视社会的整体性和协调性发展。独立存在的社会问题是不存在的，那些相对来说比较重的社会问题更不可能独立存在，因而要想让这些问题都能得到解决，就要综合利用各种各样的方式。

（二）社会发展推动着人的全面发展

人越全面发展，就能创造出越多的社会物质文化财富，人民群众的生活也

会因此而得到改善；反过来说，物质文化条件越充分，对人的全面发展就可以起到越大的推动作用。社会生产力和经济文化的发展水平是逐步提高、永无止境的历史过程，人的全面发展程度也是逐步提高、永无止境的历史过程。据此可以得知，人的全面发展与社会的进步之间存在着十分密切的关系，并且伴随着社会物质财富更加丰富，整个社会对于人的全面发展的重视程度也会不断提高，更加尊重和发挥人的主体性作用，现代社会也正在朝着体现人的生存发展价值的方向呈现综合化发展趋势。

二、高校思想政治教育综合化发展的必要性

（一）高校思想政治教育目标的追求

首先，与传统思想政治教育单一的政治教化的目标相比，现代高校思想政治教育更注重大学生作为个体的成长过程，从政治思想、道德品质、心理健康到思维方式等方方面面都予以教育和引导。具体而言，现代高校思想政治教育不仅重视理论的灌输、道德规范的学习，还引导大学生情感的发展、科学思维能力的培养。其次，与传统的思想政治教育片面强调知识传授相比，现代高校思想政治教育对于知识以及能力的全面培养更加重视。思想政治教育内容的学习只是完成了教育目的的第一步，只有再采取其他教育方法，综合起来才能使认知最终外化为行为，完成知、情、意、行的思想品德形成的完整过程，也才能有助于治愈大学生思想政治教育一直存在的“知行不一”的顽疾，将高校思想政治教育的效果真正地表现出来。

（二）高校思想道德发展影响因素的复杂性

能够对高校思想道德发展产生影响的因素具有复杂性，因此高校思想政治教育的综合化发展是十分必要的。相比于其他的群体来说，大学生这个群体的思想是最为活跃的，大学生能够接收到的社会信息远远比他们从课堂上学习到的要多得多。能够对大学生的思想行为产生影响的因素是十分复杂的，以前那种传统且单一的思想政治教育方法已经与现在的情况不相适应了，需要思想政治教育工作者积极创新，跟上时代潮流的变化，发展出多样化、综合化的教育方法，以方法的综合优势、整体效应应对社会的多样性存在、环境的复杂性构成、社会文化多元共生与主流文化一元主导并存等社会发展的综合性。

三、高校思想政治教育方法综合化趋势

（一）显性教育与隐性教育的相互补充

虽然我国思想政治教育对于显性教育一直都十分重视，但是由于社会的多元化发展，如果只依靠这种教育的话，现代社会的需求就不能得到满足。客观环境对于思想政治教育的开展是十分重要的，脱离客观环境的思想政治教育是不可能成功的。因此，研究与利用大学生所处的社会环境，对于高校思想政治教育方法的创新来说是十分必要的，这也是隐形教育产生的主要原因。显性教育与隐形教育的侧重点有所不同，前者重视的是对教育内容进行传授，隐性教育则侧重于将教育内容以一定的载体形式渗透到大学生生活的环境中、参与的活动中等各个方面，使得大学生不知不觉地受到思想道德文化的熏陶。可见，综合运用显性教育和隐性教育这种方法能够有效地提升教育效果。

（二）现实方法与虚拟方法的整合运用

首先，不断发展思想政治教育的现实教育方法，让大学生现实生活中思想政治教育的效果能够不断地得到加强。其次，应该积极地探索与网络虚拟空间相适应的教育方法，让现实方法能够与虚拟方法有机地进行结合，使高校思想政治教育本身的引领力能够不断地得到增强，从而让思想政治教育能够产生更好的效果。

（三）思想政治教育方法与管理学方法的相互结合

高校思想政治教育目的是通过对大学生进行引导，让其在内心中对教育内容产生认同来实现的，受教育者的自觉性就成了其是否能够认同教育内容，能否履行教育内容的决定性因素。也是因为这个原因，人民群众往往会对思想政治教育的实效性产生怀疑。管理学方法与思想政治教育方法恰恰相反，它通过严格、规范的制度保障来达到管理的目的，其能够迅速地产生效果，可是因为在思想上的沟通不足，会对人的能动性发挥产生影响。显而易见，假如将二者进行有机的结合，就会产生优势互补的效果。

参考文献

[1] 周家伦．高校辅导员：理论、实务与开拓 [M]．上海：同济大学出版社，2011.

[2] 李莉．高校辅导员专业化发展研究 [M]．南京：东南大学出版社，2011.

[3] 唐德斌．职业化背景下高校辅导员的专业化发展 [M]．成都：四川人民出版社，2013.

[4] 吴云志．高校辅导员工作绩效评价体系研究 [M]．大连：辽宁师范大学出版社，2013.

[5] 周航，罗勇．高校辅导员工作创新与实践 [M]．成都：西南交通大学出版社，2013.

[6] 文丰安．高校辅导员队伍建设系统工程研究 [M]．武汉：武汉大学出版社，2014.

[7] 江沈红．高校辅导员教师身份内涵及身份实现路径研究 [M]．武汉：武汉大学出版社，2016.

[8] 常海龙．高校辅导员队伍践行“三严三实”的理论与实践 [M]．北京：原子能出版社，2017.

[9] 秦玉国．美育视野下的高校辅导员角色示范研究 [M]．成都：西南交通大学出版社，2017.

[10] 柏杨．改革开放以来高校辅导员队伍建设研究 [M]．成都：西南交通大学出版社，2018.

[11] 魏则胜，李敏．高校辅导员道德素养概论 [M]．广州：广东高等教育出版社，2018.

[12] 温淑窈，欧阳焱．现代传播学视域下高校辅导员团队创建创新研究 [M]．北京：九州出版社，2018.

[13] 贝静红．高校辅导员专业化发展实践研究 [M]．北京：海洋出版社，2018.

[14] 程梅．论新时代高校辅导员的使命担当及实现路径 [J]．滁州职业技术学院学报，2020（3）：29-32.

[15] 张学堂，李成，刘敏涛．新时代民办高校辅导员队伍专业化建设研究 [J]. 产业与科技论坛，2020（18）：258-259.

[16] 李冬萍．新时代高校辅导员队伍建设的发展路径探索 [J]. 教书育人：高教论坛，2020（27）：36-37.

[17] 张丹，邓卓明．新时代高校辅导员新媒体素养提升探究 [J]. 学校党建与思想教育，2020（18）：64-66.

[18] 黄婷．高校辅导员职业素质提升与思想政治教育的有机融合 [J]. 中学政治教学参考，2020（30）：102.

[19] 聂工强．浅析新时代高校辅导员的角色定位 [J]. 青年与社会，2020（27）：183-184.

[20] 刘昱初．新形势下高校辅导员师风师德建设 [J]. 公关世界，2020（18）：130-131.

